Adrian Plass

Ansichten aus Wolkenkuckucksheim

Aus dem Englischen von
Barbara Büchner

Die Deutsche Bibliothek – CIP-Einheitsaufnahme

Plass, Adrian:
Ansichten aus Wolkenkuckucksheim / Adrian Plass.
[Aus dem Engl. von Barbara Büchner]. 2. Aufl., unveränd. Nachdr. der 1. Aufl. –
Moers : Brendow, 1994
(Edition C : C ; 353) (Brendow-Lesezeichen)
Einheitssacht.: View from a bouncy castle < dt. >
ISBN 3-87067-475-X
NE: Edition C / C

2. Auflage 1994
ISBN 3-87067-475-X
Edition C, Reihe C 353
© 1992 by Brendow Verlag, D-47443 Moers
Originalausgabe: VIEW FROM A BOUNCY CASTLE
First published by Fount Paperbacks, an imprint of
HarperCollinsReligious, part of HarperCollins Publishing Group.
© 1991 by Adrian Plass.
Einbandgestaltung:
Kommunikationsdesign Wolfram S. C. Heidenreich, Haltern am See.
Grafik: Thomas Georg.
Printed in Germany

Inhalt

Die Luftburg

Man hört schon allerlei Seltsames, wenn man seine eigenen Gedanken belauscht. Mir ist das erst kürzlich passiert. Ich hatte mich gerade mit einem sehr gesetzten, verklemmt wirkenden Typ unterhalten – einem netten Kerl, aber nicht gerade einer von der Sorte, mit denen man schnell warm wird. Als wir uns verabschiedeten, mußte ich plötzlich denken: „Du hast noch einen weiten Weg vor dir, bis du es zur Luftburg schaffst."

Es dauerte eine ganze Weile, bis ich herausgefunden hatte, woher dieser hausgemachte Ausdruck eigentlich stammte. Aber als ich ihm dann schließlich auf die Spur kam, fand ich etwas Interessantes heraus.

Vor einigen Jahren waren meine Frau Bridget und ich im Sommer zu einer Taufe eingeladen. Täufling war Alex, der neugeborene Sohn von Freunden, die uns sehr nahestanden. Der Gottesdienst verlief gut, Alex wurde zur allgemeinen Zufriedenheit ins Taufwasser gestippt – um es mit einem theologischen Fachausdruck zu sagen –, und die Gartenparty, die hinterher stattfand, erwies sich als eine grandiose Angelegenheit.

Es gab Unmengen Essen, Unmengen Leute, Unmengen Sonnenschein und auf einer Wiese hinter dem Haus eine bunt bemalte, prall aufgeblasene, von keinerlei offiziellem Wärter bewachte Luftburg.

Durch einen stetigen Luftstrom aufrechterhalten, stand sie da, wabbelte leise in der sanften Sommerbrise und schien nur darauf zu warten, daß aufgeregte kleine Kinder hinaufkletterten, in selbstvergessenem Entzücken darauf herumhüpften und -kugelten und in Ekstase auf und nieder hopsten.

Natürlich blieb die Luftburg nicht lange ungenutzt. Die Kinder, die gehört hatten, daß es nur eine einzige Vorschrift gab, nämlich: „Schuhe ausziehen!", stürzten sich wie ein Heuschreckenschwarm

7

darauf und genossen die Tatsache, daß die Luftburg „ohne Besitzer" gemietet worden war und es daher nur sehr wenig einschränkende Beaufsichtigung gab.

Es dauerte dann auch gar nicht lange, bis sich die Erwachsenen an dem Vergnügen beteiligten. Ich war einer von ihnen.

Ich nehme an, die meisten Eltern werden sich mit meiner Einstellung zu Luftburgen mühelos identifizieren können. Wir haben vier Kinder im Alter von sechzehn Jahren bis zu drei und ein bißchen (ich kriege Ärger, wenn ich das „ein bißchen" zu erwähnen vergesse). In eineinhalb Jahrzehnten haben wir eine endlose Reihe von Parties, Festen, Jahrmärkten, Landwirtschaftsausstellungen mit Vergnügungspark und ähnlichen Vergnügungsstätten besucht. Bei der Mehrzahl dieser Veranstaltungen war die oben erwähnte Attraktion vorhanden – aber nur für Kinder!

Wieviel frustrierte halbe Stunden habe ich damit verbracht, daß ich meiner Nachkommenschaft zusah, wie sie auf ihrem preßluftgefüllten Spielplatz wilde Kapriolen schlugen, während ich wohlwollend lächelnd dabeistand und den wilden inneren Drang zu bezähmen suchte, mich ihnen anzuschließen. Immer wieder wurden meine Pläne vereitelt durch die unnachgiebige Gegenwart des Besitzers (für gewöhnlich der Typ des Kettenrauchers mit unablässig im Mundwinkel hängender Zigarette), der gelegentlich in geschäftsmäßigem Ton Befehle hervorbellte wie „Kinder über acht haben keinen Zutritt!" oder „Diese Gruppe runter, nächste Gruppe rauf!"

Der Kontrast zwischen dem leidenschaftslosen Ton dieser Äußerungen und dem überschäumenden Vergnügen der Kinder hatte mich immer wieder in etwas niedergeschlagene Stimmung versetzt.

Nun hatte ich zum ersten Mal die Chance, fünfzig Jahre der Enttäuschung einfach in der Versenkung verschwinden zu lassen und mein Verlangen zu befriedigen, das ich so lange schon im tiefsten Herzen gehegt hatte.

Ich muß gestehen: Es dauerte ein Weilchen, bis es mir gelang, meine Würde und meine Schuhe abzulegen, aber sobald ich es einmal geschafft hatte, war es einfach herrlich. Ich weiß nicht, was die Kinder davon hielten, daß da ein Hundert-Kilo-Mann in mittleren

Jahren wie verrückt Purzelbäume schlug und von einer Seite ihres Paradieses auf die andere kollerte. Es kümmerte mich damals auch nicht weiter.

Die meisten Partygäste amüsierten sich den ganzen Nachmittag auf der Luftburg. Aber da war ein Typ namens Richard, der sich offenbar nicht hinreichend entspannen konnte, um es ebenfalls zu probieren. Er war einer dieser großen, ziemlich linkischen Männer, die aussehen, als wären sie schon im Nadelstreifenanzug geboren worden. Jetzt, wo er erwachsen war, steckte er in seinem Anzug wie in einem maßgeschneiderten Sarg. Sehr etepetete und sehr, sehr würdevoll – ein richtiger Stockfisch. Zuerst lehnte er den von allen Seiten vorgebrachten Vorschlag, uns auf der Luftburg zu amüsieren, als „zu albern" ab. Man sah ihm richtig an, wie er sich vorstellte, seine klobigen, blankgeputzten schwarzen Schuhe auszuziehen und wie ein zu Erwachsenengröße angeschwollenes Kind närrisch herumzuhopsen.

Im Lauf des Nachmittags jedoch fiel mir auf, daß Richard sich unauffällig in Richtung Luftburg vortastete. Er ging zum Beispiel zum Buffet und holte sich einen Drink, und wenn er zurückkehrte, rückte er der Luftburg ein Stückchen näher als zuvor.

Hin und wieder schielte er aus den Augenwinkeln nach der lärmenden und wild herumpurzelnden Gesellschaft, und auf seinem Gesicht malte sich eine seltsame Mischung aus Furcht und Verlangen. Als der Nachmittag dem Ende zuging, schaffte er es schließlich, sich an die Luftburg heranzuschleichen und in unsäglich lässiger Haltung auf dem wulstigen Rand Platz zu nehmen. Ganz beiläufig zog er sich die Schuhe aus, nachdem er sie mit äußerster Sorgfalt aufgeschnürt hatte. Dann legte er das Jackett ab, faltete es säuberlich zusammen und legte es auf den Boden. Schließlich kletterte er mit bedächtigen Bewegungen auf die Luftburg und setzte sich still am Rand hin, als hätte er den Auftrag erhalten, die Rolle des gütigen Aufsichtsbeamten zu übernehmen.

Er blieb nicht lange dort sitzen. In einer Luftburg steckt ein ganz eigener Zauber.

Es waren noch keine zwei Minuten vergangen, bevor diese geballte Ladung Manneswürde sich ins Getümmel stürzte und wie ein Wilder herumsprang, wie er es vermutlich seit Jahren nicht mehr getan hatte. Unten am Rand der Luftburg standen seine großen Schuhe säuberlich nebeneinander inmitten eines kunterbunten Haufens anderer Schuhe. Mir kam plötzlich der Gedanke, wie gut dieses Bild paßte.

Wie Mose vor dem brennenden Busch hatte auch Richard seine Schuhe ausgezogen, ehe er die heilige Stätte fröhlicher Selbstvergessenheit betrat. Eine kurze Weile lang hatte er es sich gestattet, wieder ein kleines Kind zu sein, und wie wir ja wissen, hat Jesus gesagt, daß wir das Reich Gottes niemals betreten könnten, es sei denn, wir würden wie die Kindlein. Ich glaube natürlich nicht, daß er diese Bedingung als eine kalte, schiedsrichterliche Regel aufstellte. Er wollte damit viel eher sagen, daß wir die Dinge erst einmal aus dem Blickwinkel der Kinder sehen lernen müssen, ehe wir die Dinge Gottes sehen oder verstehen können, seien es nun die weltlichen oder auch die spezifisch religiösen Aspekte des Lebens.

Es kann ein sehr schmerzhafter Prozeß sein, die alte Hülle falscher Würde abzustreifen (obwohl die Furcht davor oft viel schlimmer ist als der Vorgang selbst – es war nicht leicht, Richard wieder von der Luftburg runterzukriegen, als er erst einmal so richtig in Schwung gekommen war), aber hin und wieder, wenn wir selbst den Fuß auf den heiligen Boden von Wolkenkuckucksheim setzen, dann begreifen wir die Weisheit in den Worten des Guten Hirten. Alles sieht so ganz anders aus, wenn man es von oben betrachtet. Also: Kommt und hüpft rauf mit mir – es gibt keine Altersgrenze! – und laßt uns ansehen, wie die Dinge sich von hier aus ausnehmen!

GÄRTEN

Ein Abfallcontainer voll Erinnerungen

Ich bin – um es einmal vorsichtig auszudrücken – nicht gerade das, was man einen begeisterten Gärtner nennt. Hin und wieder schlurfe ich trübselig über den Rasen und schiebe den Rasenmäher vor mir her, der wie ein zahnloser alter Löwe knurrend das Gras ausreißt und abweidet. Hin und wieder, wenn ich mich außergewöhnlich energiegeladen fühle, schnipsle ich mit der Heckenschere herum. Sie wissen ja, was Heckenscheren sind – diese langen Dinger, die wie wildgewordene Hornissen surren und einen dem Wahnsinn in die Arme treiben, weil man alle paar Schritte stehenbleiben muß, es sei denn, man ist Besitzer der kabellosen Luxusausführung – was auf uns aber nicht zutrifft.

Das einzige, was ich sonst noch im Garten tue, ist dort sitzen. Das tue ich für gewöhnlich, nachdem ich dem Rasen Bart und Koteletten getrimmt habe. Ich bin vielleicht nicht besonders tüchtig in praktischen Dingen, aber wenn es darum geht, sich in einem Gartenstuhl breitzumachen – sagen wir mal, mit einem halben Brathähnchen und einer Flasche Wein zur Gesellschaft –, dann bin ich imstande, eine Konzentration und unbeirrbare Standfestigkeit an den Tag zu legen, die eine Menge Leute, die mich zu kennen glauben, verblüffen würden! Die eben erwähnten Talente kommen allerdings nur selten zum Einsatz (wie war das doch mit dem Propheten im eigenen Land?). Es bleibt also dabei: Ein wenig Rasenmähen, ein wenig Heckenschneiden, damit ist auch schon die Grenze meiner gärtnerischen Fähigkeiten erreicht!

Meine Frau jedoch widmet sich mit Freuden allem, was grünt und blüht. Sie ist eine leidenschaftliche Umgräberin, Auspflanzerin und Dürre-Zweiglein-Abschneiderin, ja zuweilen muß man sie geradezu gewaltsam daran hindern, die kleinen Grünflächen zwi-

12

schen Autobahnauffahrten und die moosbewachsenen Flecken unter langfristig abgestellten Wohnwagen auszujäten. Eine richtige Fanatikerin! Sie behauptet: Hätte Paul Newman ihr zur selben Zeit wie ich einen Heiratsantrag gemacht, sie hätte ihre Wahl danach getroffen, wer von uns beiden der bessere Gärtner sei! Keine sehr glaubwürdige Geschichte, möchte ich meinen, aber sie behauptet es nun einmal.

Vor einigen Jahren – wir hatten eben einen langen Frühjahrsurlaub beendet – wies meine Frau mich darauf hin, daß der Garten hinter unserem Haus eine gewisse Ähnlichkeit mit unberührtem Amazonas-Regenwald anzunehmen beginne. Würde ich wohl so nett sein, die Angelegenheit in die Hand zu nehmen? Ich unternahm also eine Ein-Mann-Safari in den Dschungel und begab mich in die Garage, um dort ein Buschmesser oder ein ähnlich geeignetes Instrument ausfindig zu machen. Die Garage befand sich allerdings in einem noch viel schlimmeren Zustand als der Garten. Möglicherweise gab es Gartengeräte darin, aber sie lagen begraben unter einer im Lauf von fünf Jahren angewachsenen Müllhalde von Dingen-die-man-in-die-Garage-stellt-weil-einem-nicht-einfällt-wo-man-sie-sonst-hintun-könnte. Eines war klar: Bevor ich mich an die Gartenarbeit machen konnte, mußte ein Abfallcontainer her.

Er wurde nach dem Mittagessen angeliefert, ein riesiger Metallkasten, der wie ein Zubehörteil einer Panzerkanone aussah. Die Firma stellte den Container zur Verfügung, wir würden ihn anfüllen, und die Firma würde ihn wieder abholen und unser Gerümpel auf die Mülldeponie schaffen – natürlich nicht kostenlos. Der Container wurde von einem Spezialfahrzeug langsam abgesenkt, bis er genau vor unserer Garage stand, was unsere Japankirschen zu einem Schneegestöber rosiger Blütenblättchen veranlaßte. Ich krempelte mir die Ärmel auf und machte mich an die Arbeit.

Es mag albern klingen, aber nach einer Weile wurde mir ganz eigentümlich weh ums Herz. Einige der Dinge, die ich da in den Container warf, waren erschreckend handfeste Andenken an schiefgelaufene Pläne, unvollendete Projekte und sogar gebrochene Versprechen. Das Schlimmste, erinnere ich mich, war ein völlig verknäultes Durcheinander von Holzbrettern, Rädern und Drahtstückchen: das Corpus delicti eines mißlungenen Versuchs, meinem Sohn Matthew eine Seifenkiste zu bauen, als er ein kleiner Junge gewesen war. Ich mußte daran denken, wie aufgeregt Matthew darauf gewartet hatte, daß ich sie fertigbaute, und ich mußte an meine eigene bittere Enttäuschung denken, als meine stümperhaften Versuche mit einem absoluten und totalen Mißerfolg endeten. Meine Augen wurden ein wenig feucht, als ich dieses spezielle Andenken in die Tiefen des Metallbehälters kippte. Die meisten Versprechen, die ich in meinem Leben gegeben habe, habe ich gehalten, und Matthew und ich kommen heute sehr gut miteinander aus, aber damals hatten wir einige schmerzliche Augenblicke durchlebt.

Im Lauf des Nachmittags flatterten dann die Containergeier herbei. Ein Freund, der ein paar Häuser weiter wohnt, kam herbeigeschlendert und nach einigem beiläufigem Geplauder erwähnte er so nebenbei, er hätte einen alten Kühlschrank, den er gerne loswerden wollte. Ob ich wohl etwas dagegen hätte, daß er ihn in meinen Container kippte?

„Nur zu", sagte ich, „schmeiß ihn rein!"

Das tat er auch.

Kaum eine Stunde später tauchte ein ebenfalls in der Nähe wohnender Freund mit „einem kleinen Müllproblem" auf.

„Nur zu", sagte ich, „schwupp und rein damit!"

Als dann auch noch ein dritter Bittsteller seinen Kehricht in *meinem* Abfallcontainer deponiert hatte, begann ich allerdings einen leisen Groll zu verspüren. Ich versuche ja, vollkommen zu sein, aber ich bin es leider nicht.

Ich überlegte, ob vielleicht eine ausgiebige Nachtruhe etwas mehr Nächstenliebe in mir zu erzeugen vermöchte. Das mag durchaus der Fall gewesen sein – aber als ich dann am nächsten Morgen einen Blick auf den Abfallcontainer warf, mußte ich feststellen, daß ein oder mehrere unbekannte Täter im Schutz der Dunkelheit gewaltige Mengen Müll in meinem großen gelben Mistkübel entsorgt hatten. Ich sprang vor Wut wie Rumpelstilzchen auf dem Gehsteig vor meinem Haus herum.

„Wer gibt ihnen das Recht, ihren verflixten Dreckskram in meinem Container abzuladen?" brummte ich vor mich hin, nachdem ich mich einigermaßen beruhigt hatte. „Wie kommen sie dazu? Ich bin es ja schließlich, der die Rechnung bezahlt! Vierzig Pfund!"

„Na, wenn schon! Was ist das schon!" sagte die etwas beunruhigende Stimme am anderen Ende der Leitung, die sich gelegentlich in meinem Inneren zu Wort meldet. „Da zahlst du also vierzig Pfund, stimmt's? Du denkst vielleicht, das wäre eine Unmenge Geld dafür, anderer Leute Dreck loszuwerden –"

„Und ob ich das denke!"

„Möchtest du einen menschlichen Abfallcontainer sehen?"

Dann erschien vor meinem geistigen Auge ein Hügel. Und auf diesem Hügel stand ein Kreuz, an dem ein Mann in Todesqualen angenagelt hing.

„Kommt her", rief er mit lauter Stimme, „bringt all euren Unflat hierher, all eure Fehler, euer Versagen, eure gebrochenen Versprechen, all die Dinge, deren Anblick ihr kaum ertragen könnt, ja an die ihr nicht einmal zu denken wagt, was immer es sein mag, was immer ihr darüber denkt, werft eure Abfälle auf mich – ich werde sie für euch wegschaffen."

„Aber wer soll das bezahlen?" fragte ich.

„Ich habe den Preis bezahlt", sagte der Mann. „Du geh jetzt – und kümmere dich um deinen Garten."

Die Gabe des Unkrautjätens

Ich weiß nicht, ob der Himmelfahrtstag sehr vielen Gläubigen etwas bedeutet. Er ist ein durchaus bedeutungsvoller Tag im Kirchenjahr, aber es wird ihm nun einmal nicht viel Publicity zuteil. Vielleicht, weil er immer auf einen Donnerstag fällt (was soll an einem *Donnerstag* schon Religiöses passieren, nicht wahr?). Und außerdem – blicken wir den Tatsachen ins Auge – gibt es da weder Schokoladeneier noch Lebkuchen oder hübsch eingepackte Geschenke, die unsere Aufmerksamkeit erregen könnten. Wären wir etwas einfallsreicher, so wären wir vielleicht schon auf die Idee gekommen, an diesem Tag Hochhäuser zu mieten, damit die Christen Gelegenheit haben, symbolische Himmelfahrten in den Schnellifts zu erleben.

Der Himmelfahrtstag ist – wie ich als bekannt voraussetzen möchte – jenes Kirchenfest, an dem wir daran gedenken, wie Jesus endgültig Abschied nahm vom engsten Kreis seiner Anhänger, den Jüngern. Er hatte bereits (ähnlich wie Frank Sinatra, aber natürlich viel eindrucksvoller) mehrere Abschiedsvorstellungen geboten, aber nun hieß es ernstlich Lebewohl sagen, und die Bibel berichtet uns, wie er zum Himmel auffuhr und eine Wolke ihn hinwegnahm.

Ich sah einmal einen Film, wo man ganz deutlich erkennen konnte, daß diese Himmelfahrtsszene mit einer Kamera gefilmt worden war, die am Bauch eines Hubschraubers montiert war. Das Haar der Jünger flatterte wild im Luftwirbel der Rotorblätter, als die Maschine startete.

Ich weiß nicht, wie die Sache sich in Wirklichkeit abgespielt hat, aber wie auch immer – er war fort, und dieses Grüppchen ziemlich alltäglicher Leute war allein zurückgeblieben. Sie standen da und fragten sich voll Sorge, wie um alles in der Welt sie es schaffen sollten, die Probleme der Welt in Angriff zu nehmen ohne seine Macht und sein Charisma. Er hatte zwar irgend etwas davon gesagt, daß er einen Beistand senden würde, um sie zu stärken, aber er hatte sie auch gewarnt, daß sie noch Schlimmeres erleiden würden als er selbst, und er hatte keinen Zweifel daran gelassen, daß die Sache nun in ihren Händen lag.

Es war wohl ein sehr nachdenkliches und ziemlich sorgenvolles Grüppchen Weltverbesserer, das nach diesem letzten, seltsamen Abschied traurig davontrottete.

Und ganz genauso fühle ich mich, wenn ich den Versuch unternehme, für gewaltige, unentwirrbar scheinende Probleme wie die Lage in Südafrika oder im Nahen Osten zu beten – nachdenklich und ziemlich besorgt (um es mal vorsichtig auszudrücken). Wie kann ich irgend etwas ändern an diesen riesigen, komplizierten Problemkonstellationen, die mit dem politischen Umschwung in Südafrika einhergehen? Eine so gigantische Aufgabe; solch – wie es scheinen muß – unlösbare Fragen. Muß da nicht mein kleines Gebet hilflos versinken in diesem Meer von Gewalttätigkeit und Vorurteil und menschlichem Elend? Zuweilen kann einem die Welt schon als ein sehr dunkler Ort erscheinen.

Glücklicherweise sendet Gott uns von Zeit zu Zeit einen Lichtstrahl, und einige dieser Strahlen sind wie Taschenlampen – man kann sie immer wieder anknipsen. Da ist z. B. die Erinnerung an etwas, das einer Freundin von mir, einer Dame namens Doreen, widerfuhr – eine Erinnerung, die mir hilft, wenn ich vor dieser Frage kleiner Gebete und großer Probleme stehe.

Doreen und ihr Mann, Geoff, sind Mitglieder des Hausbibelkreises, der sich jeden Donnerstag abend in unserem Wohnzimmer trifft. Im Lauf der Jahre haben wir die beiden sehr liebgewonnen. Sie sind jetzt im Pensionsalter, und ihre vorzüglichsten Eigenschaften sind Fröhlichkeit, Treue und ein nimmermüder Fleiß. Wenn unsere beiden Freunde sich einmal wöchentlich um acht Uhr abends in die große Sitzgarnitur in unserem Wohnzimmer im ersten Stock plumpsen lassen, ist das für Bridget und mich immer einer der erfreulichsten Augenblicke der Woche. Sie sind einfach gute Menschen.

Eines Abends tauchte Doreen zur üblichen Zeit für die Bibelstunde auf, zwei große Flaschen Champagner in der Hand und ein Lächeln auf dem Gesicht, das von einem Ohr zum anderen reichte. Als die Gruppe schließlich vollzählig war, knallten die Korken, Gläser wurden gefüllt, und Doreen erklärte uns, was es zu feiern gab.

„Heute", sagte sie, „wollen wir die Tatsache feiern, daß ich den Garten meiner Nachbarin gejätet habe!"

Doreen hatte sehr sorgfältig jene Stellen der Bibel gelesen, in denen Jesus sagt, daß wir die Menschen, die wir nicht ausstehen können, genauso lieben sollen wie jene, die uns sympathisch sind. Beim Lesen war ihr plötzlich eine Frau eingefallen, die in unmittelbarer Nachbarschaft wohnte: Eine entsetzlich übellaunige alte Dame, die einen endlosen Strom von Geschwätz von sich zu geben pflegte, wenn sie nicht gerade zankte und keifte, und der man obendrein nachsagte, sie sei überaus geizig.

17

Doreen nahm ihren ganzen Mut zusammen, ging hinüber zum Haus der jähzornigen Nachbarin und unterbreitete dieser das Angebot, ihre vom Unkraut überwucherten Blumenbeete zu jäten. Das Angebot wurde – wie zu erwarten war – mit einiger Überraschung aufgenommen, aber auch mit einer völlig unerwarteten Begeisterung.

„Und es funktioniert!" sagte Doreen. „Es funktioniert tatsächlich! Wenn man sie näher kennenlernt, ist sie überhaupt nicht mißmutig. Sie ist so freundlich geworden, und sie ist auch keineswegs geizig. Sie hat mir für ein paar Pflänzchen, die ich ihr mitgebracht habe, Bezahlung förmlich aufgedrängt. Ach ja, und daß ich's nicht vergesse – ihre Nachbarin auf der anderen Seite macht jetzt auch ein bißchen Gartenarbeit für sie und – ach, ich weiß nicht, es steckt einfach so viel Liebe in all dem!"

Ich weiß, die Geistesgabe des Unkrautjätens wird im Korintherbrief nicht erwähnt, aber ist es nicht eine wundervolle Gabe? Ich hatte Tränen in den Augen, während ich meinen Champagner trank.

Doreen feierte die Entdeckung, daß der Geist Gottes auch in einer Vorstadtstraße im Süden Englands in den achtziger Jahren des zwanzigsten Jahrhunderts am Werk ist. Dieser Geist bewirkte damals wie heute den Glauben in mir, daß die Dinge wie im Kleinen auch im Großen geschehen können.

Es lohnt sich, für Südafrika zu beten. Jeder winzige Sieg über das Vorurteil, der als Folge unserer winzigsten Gebete in diesem Land der Tränen errungen wird, bedeutet eine Rechtfertigung des Vertrauens, das Jesus am Himmelfahrtstag in ganz alltägliche Frauen und Männer gesetzt hat – das Vertrauen, daß sie aus der Vollmacht seines Geistes heraus handeln würden.

Ich weiß nicht, ob im Paradies der Alkoholgenuß erlaubt ist, aber wenn es der Fall sein sollte, dann müßten im ganzen Himmel die Champagnerkorken knallen, so oft die Liebe einer Doreen Haß und Furcht überwindet.

ZÜGE

6 Uhr 40 nach Charing Cross

Jesus sagte einmal: „Wenn dich aber dein rechtes Auge zum Abfall verführt, so reiß es aus und wirf's von dir. Wenn dich deine rechte Hand zum Abfall verführt, so hau sie ab und wirf sie von dir." „Es ist besser", sagte er, „daß eins deiner Glieder verderbe und nicht der ganze Leib in die Hölle fahre."

Nun ist ja allgemein bekannt, welche Lust die Menschheit daran hat, immer neue Sekten und Sondergemeinschaften zu bilden. Eigentlich ist es schon ziemlich verwunderlich, daß wir noch keine Sekte erlebt haben, deren Mitglieder sich tatsächlich die verschiedensten Körperteile abhacken.

Als ich meine fundamentalische Phase durchmachte und jede Bibelstelle ganz wörtlich nahm, war ich aufs äußerste alarmiert von der doch sehr drastischen Methode der Sündenbekämpfung, die in diesen Versen empfohlen wird, vor allem dann, wenn ich mir über meine eigenen Mängel Gedanken machte. Hätte ich damals begonnen, jene Teile meines Körpers zu entfernen, die mir die meisten Probleme bereiteten, so hätte ich als enthaupteter Eunuch dagestanden – zum mindesten!

Falls wir jedoch der Ansicht zustimmen, daß Jesus seine Worte nicht eben buchstäblich aufgefaßt haben wollte, was meinte er dann wirklich? Ich nehme an, es gibt die verschiedensten Schattierungen der Interpretation, die alle durchaus ihre Berechtigung haben. Wie wäre es mit der folgenden?

Eine Bekannte – nennen wir sie Veronika – arbeitete jede Woche von Montag bis Freitag in einem Büro in London. Jeden Morgen fuhr sie zu dem kleinen Dorfbahnhof ihres Wohnorts, um den 6-Uhr-40-Zug nach Charing Cross zu erreichen. Sie hätte nicht unbedingt diesen Zug nehmen müssen. Der 7-Uhr-Zug hätte ihr denselben Dienst getan, aber Veronika gehörte zu den Leuten, die gerne früh an ihrem Arbeitsplatz ankommen, damit sie genug Zeit haben, sich zu entspannen, bevor sie sich ins geschäftliche Getümmel stürzen.

Das Gehalt, das Veronika bezog, entsprach genau der Summe, die sie und ihr Mann Derek brauchten, um beide behaglich leben zu können. Derek war freiberuflicher Bildhauer und arbeitete zu Hause. Sie waren ein außergewöhnlich glücklich verheiratetes Paar Mitte dreißig, nicht nur innig ineinander verliebt, sondern auch sehr gute Freunde – eine ausgezeichnete Reklame für eheliche Treue.

Die Monate gingen dahin. Im Lauf ihrer täglichen Fahrten nach London ergab es sich, daß Veronika eine Grußbekanntschaft mit einem Mitreisenden begann, der tagein, tagaus denselben Zug nahm wie sie selbst, allerdings erst eine Station später zustieg. Schrittweise, fast unmerklich, begann sich eine Freundschaft zwischen ihnen zu entwickeln, die während der einstündigen Fahrt nach London Tag für Tag inniger wurde. Der Mann, der ihr jeden Tag im Zug gegenübersaß, war kultiviert und charmant, war überhaupt ein sehr anziehender Mann. Veronika mußte der Tatsache ins Auge blicken, daß sie jetzt einer überaus seltenen Spezies angehörte – sie war eine *glückliche* Pendlerin! Ihr Herz schlug jedesmal ein wenig schneller, wenn sie den Zug bestieg und ihrem neuen Freund wieder einmal gegenübersaß. Sie war nahe daran, sich in ihn zu verlieben.

Das kommt natürlich bei Ehepaaren nicht selten vor, und in vielen anderen Fällen hielte ich es für sehr gut möglich, daß Vernachlässigung oder Gedankenlosigkeit von seiten des Ehemannes etwas damit zu tun hatte. Aber Veronika und Derek standen einander sehr nahe und schätzten ihre Beziehung sehr hoch.

Veronika machte sich Sorgen. Sie wußte nicht, was sie tun sollte. Nach langem Grübeln beschloß sie, ihren besten Freund um Rat zu fragen – ihren Ehemann. Nachdem sie diesen Entschluß gefaßt hatte, setzte sie sich an einem Samstagmorgen mit Derek bei einem Whisky mit Soda im Wohnzimmer zusammen und erzählte ihm haargenau, was sie empfand.

Ich muß ehrlich zugeben: Wäre ich an diesem Morgen an Dereks Stelle gewesen, so hätte ich höchstwahrscheinlich sehr ungehobelt und emotionell reagiert. Ich habe mich lange Zeit in der Illusion gewiegt, ich sei der zivilisierte, ausgeglichene Typ Mann, der sich jeder Krise stellt und sie mit unerschütterlicher Ruhe und lässiger Baßstimme meistert. Die praktische Erfahrung hat freilich gezeigt, daß ich mich in solchen Fällen augenblicklich in einen kindischen, vor Wut quiekenden Hysteriker verwandle!

In Dereks Fall lag die Sache anders. Er ist einer jener philosophischen pfeiferauchenden Typen, die es genießen, über einem Glas Bier zufrieden vor sich hinzusinnen. Er hörte Veronika aufmerksam zu, während er gelegentlich an seinem Drink nippte und verständnisvoll nickte. Schließlich kam sie ans Ende ihrer Erzählung, saß nervös auf dem Sofa und wartete, was ihr Gatte wohl sagen würde.

Lange Zeit herrschte Schweigen, dann meldete Veronika sich noch einmal zu Wort.

„Ich weiß einfach nicht, was ich tun soll, Derek – sag mir doch, was ich tun soll."

Langsam und bedächtig erhob er sich, schritt hinüber zum Sofa und setzte sich neben seine Frau. Während er ihr den Arm um die Schultern legte, sagte er mit sanfter, aber fester Stimme:

„Liebling – *nimm den anderen Zug.*"

So sah Dereks Lösung aus, und in diesem Fall hat sie auch funktioniert. Falls also der 6-Uhr-40-Zug Sie zur Sünde verführt, lassen Sie ihn abfahren (Sie brauchen die Linie nicht gleich stillzulegen, das erledigt wahrscheinlich die Britische Eisenbahngesellschaft im Zuge ihrer nächsten Sparmaßnahme für Sie!) und nehmen Sie den Zug um 7 Uhr. Fahren Sie mit dem anderen Zug.

Nun – nicht einmal ich bin ein solcher Simpel, daß ich ernsthaft annähme, alle (oder auch nur die meisten) Probleme dieser Art könnten so einfach gelöst werden. Selbst Veronika kostete es einiges an Verzicht, die keimende Freundschaft zu zerstören, die so viel Freude in ihre morgendlichen Fahrten zur Stadt gebracht hatte. Allerdings war ihre glückliche Ehe ihr die Sache wert. In anders gelagerten Fällen mag es so komplexe Rücksichten und so

21

viele Schwierigkeiten geben – oder die Dinge sind bereits so weit gediehen –, daß es mit einem „Nimm den anderen Zug" nicht mehr getan ist.

Aber eines gilt zweifellos für alle Menschen, seien sie nun Christen oder nicht, die zukünftigen Problemen ausweichen wollen: Es lohnt sich, von der Voraussetzung auszugehen, daß es viel leichter ist, unsere Lebenswege und Temperamente in Ausweichmanövern um die Hindernisse *außen herum* zu steuern, als mit dem Kopf durch die Wand zu rennen, sich auf wilde Ringkämpfe einzulassen und vermutlich den Kampf zu verlieren. Die meisten von uns kennen die Bereiche, in denen wir schwach sind und der Versuchung leicht zum Opfer fallen, nur zu gut. Oft erfordert es eine Menge Mut und Entschiedenheit, die Richtung zu ändern, wenn die süße Dunkelheit der Sünde in Griffweite liegt.

Ich weiß, Veronikas Geschichte hat nicht allzuviel Ähnlichkeit mit den Versen aus dem Neuen Testament, die ich eingangs zitiert habe, aber die Moral beider Geschichten ist dieselbe. Das Grundprinzip hat sich in den verschiedensten Situationen bewährt. Wenn Sie merken, daß sich Unheil zusammenbraut und es noch nicht zu spät ist, etwas zu unternehmen, dann fackeln Sie nicht lange – nehmen Sie einen anderen Zug!

16 Uhr 15 ab Paddington

Es gab eine Zeit – und es ist noch gar nicht so lange her – da wollte ich vor allem in einem Punkt sichergehen: Niemals wollte ich irgendwo hingehen oder irgend etwas tun, was die Gefahr mit sich brachte, daß ich mich lächerlich machte! Das Ergebnis dieser Vorsichtsmaßnahme war (was Sie wohl kaum überraschen wird), daß ich nur selten unter Leute ging und ganz allgemein nicht besonders aktiv war.

Es konnte allerdings keine Rede davon sein, daß diese eingeschränkte und beengte Teilnahme am Leben wahre Demut in mir hervorgebracht hätte. Ganz im Gegenteil! Gelang es mir nämlich tatsächlich einmal, etwas annähernd Nützliches zu tun, so warf ich mich augenblicklich in die stolzgeschwellte Brust. Im Verlauf der letzten Jahre wurde ich zwar göttlicherseits solange gelockt, geknufft und überredet, bis ich ein etwas verletzlicheres Wesen anzunehmen wagte, aber die Stolzschwellung (was für eine elegante Wortschöpfung!) ist immer noch ein integrierter Teil meines Charakters, dem Gott von Zeit zu Zeit einen Dämpfer verpassen muß.

Einer dieser Dämpfer, der mir besonders im Gedächtnis geblieben ist, wurde mir am Londoner Bahnhof Paddington verabreicht. Ich versuchte, einen Zug in den Westen Englands zu erreichen – den 16 Uhr 15 nach Taunton, wenn ich mich recht erinnere. Eine außergewöhnliche große Menschenmenge stand an diesem Nachmittag im Kassensaal Schlange. Alle waren begierig darauf, Sitzplätze in dem schnellen Intercity-Zug zu finden, der bereits bereitstand und für die kommende Fahrt gereinigt wurde.

Ich war genauso ungeduldig wie alle anderen. Ich wollte nämlich einen Sitzplatz in dem Wagen Zweiter Klasse, der unmittelbar auf den Speisewagen folgt, damit ich nicht weit zu laufen hatte, wenn ich mir Kaffee, Sandwiches und – an diesem Tag wollte ich mir einen besonderen Leckerbissen gönnen – ein Stück Plundergebäck holen wollte. Alle meine Gedanken kreisten um dieses Ziel. Ich war bereit – Koffer hin oder her –, in einem wilden Wettrennen mit meinen Mitreisenden loszusprinten, um sicherzustellen, daß ich auch tatsächlich bekam, was ich haben wollte. Hätte es auf dem Bahnsteig Startblöcke gegeben, ich hätte die Fersen hineingestemmt und auf den Startschuß gelauert!

Enttäuschung und Ärger stauten sich in mir auf, als dreimal hintereinander über Lautsprecher falsche Durchsagen gemacht wurden. Dreimal kündigte eine Stimme an: „Der 16 Uhr 15 ist auf Gleis 3 bereitgestellt, bitte einsteigen", und dreimal folgte eine neuerliche Durchsage derselben Stimme: „Wir bedauern eine irrtümliche Durchsage. Der 16 Uhr 15 ist noch nicht bereitgestellt worden. Die Reisenden werden gebeten, in die Bahnhofshalle zurückzukehren und weitere Informationen abzuwarten."

Weiß der Kuckuck, was sich da hinter den Kulissen abspielte. Ich habe niemals herausgefunden, was diesen außergewöhnlichen

Zusammenbruch des Kommunikationssystems im Bahnhof Paddington verursachte, aber die Wirkung des Hin und Her auf die Menschen in der Schlange war nicht zu übersehen. Sie – oder besser gesagt, *wir* – murmelten und zappelten und schnalzten mit der Zunge vor Ungeduld und murrten gegen den gemeinsamen Feind.

Ich wollte mich eben für einen vierten Sturmversuch rüsten, als die bereits erwähnte *Stimme am anderen Ende der Leitung* – diese verwirrende, aber auch so vertraute Stimme – in meinem Inneren zu sprechen begann.

„Warum willst du einen Wettlauf mit all diesen Leuten machen?"

Ich antwortete kläglich: „Weil, äh . . . ich hätte nämlich gerne einen Sitz in der Nähe des Speisewagens, damit ich mir Sandwiches und äh . . . holen . . ."

Meine Antwort versandete jämmerlich.

„Du läufst im falschen Rennen!" sagte die Stimme am anderen Ende der Leitung, und dann noch einmal – „Du läufst im falschen Rennen."

Als ich über diese Worte nachgrübelte, wurde mir klar, daß die ST(imme) am A(nderen) E(nde) der L(eitung) vollkommen recht hatte. Ich war so sehr damit beschäftigt gewesen, Bücher zu schreiben und Radiosendungen zu machen und auf Versammlungen zu sprechen, daß ich allmählich anfing, den Kontakt zu den Quellen all dieser Aktivität zu verlieren, nämlich meine Beziehung zu Jesus und meine Verantwortung vor Gott.

„Richtig! Einverstanden! Gut, daß du mir's klargemacht hast, Gott!" gab ich der ST.A.E.L. (die ich nun eindeutig identifiziert hatte) frischfröhlich zur Antwort. „Und jetzt auf zum Speisewagen, wie wär's?"

Aber zu meinem Entsetzen sagte nun die Stimme: „Ich möchte, daß du dich ganz hinten an dieser Menschenschlange anstellst. Wenn es dann so weit ist, schlendere gemächlich zum Zug, und ich werde dir einen Platz in dem Abteil neben dem Speisewagen reservieren."

Voll Glauben und Vertrauen antwortete ich: „Ist doch unmöglich!" Der Gedanke fuhr mir durch den Kopf: Das Universum erschaffen – na schön. Aber einen freien Sitzplatz im 16-Uhr-

15-Expreß nach Taunton reservieren, das war eine andere Sache! Gott hatte offenbar keine Ahnung, was es hieß, mit diesem Zug zu fahren!

Außerdem hatte ich immer meine Schwierigkeiten gehabt mit solchen Meldungen wie: „Gott reserviert immer einen Parkplatz für mich, wenn ich darum bete." Und jetzt – typisch! – wurde ich mit allen Raffinessen in eine Situation manövriert, in der ein sehr ähnliches Prinzip auf dem Prüfstand stand. Ich hielt es aber letztendlich für klüger, zu tun, was mir gesagt worden war.

Ich fühlte mich reichlich albern, als ich mich ganz hinten in der Schlange anstellte. Als dann zum viertenmal der Aufruf über Lautsprecher kam, in den Zug einzusteigen und ich im Zeitlupentempo zum Zug schlenderte, empfand ich nur noch Ärger.

„Weiß schon, was jetzt kommt, Gott", sagte ich. „Ich steige ein, finde nirgends einen freien Platz, und du erwartest von mir, daß ich trotzdem ,Halleluja!' singe!"

Die übrigen Reisenden benahmen sich genauso, wie ich es von ihnen erwartet hatte. Sie stürzten sich wie *ein* Mann auf den Abschnitt des Zuges, in dem sich der Speisewagen befand. Ich marschierte auf dasselbe Ziel zu – sehr langsam, alle Muskeln angespannt vor Anstrengung, nicht doch noch zu rennen. Als ich in den Wagen einstieg, fand ich dort genau, was ich erwartet hatte: Er war zum Bersten vollgestopft mit Leuten, die auf jedem freien Fleckchen saßen und standen. Es gab nur einen einzigen freien Platz, und zwar genau am Ende des Wagens, unmittelbar neben dem Eingang zum Speisewagen.

Ich blieb eine Weile neben diesem leeren Sitz stehen und wartete darauf, daß der rechtmäßige Besitzer zurückkehrte. Aber niemand erhob Anspruch darauf, und schließlich fragte ich das Mädchen auf dem Nebensitz:

„Ist hier besetzt?"

„Nein", sagte sie. „Der Platz ist frei."

Also setzte ich mich nieder.

„Habe ich's dir nicht gesagt?" sagte die ST.A.E.L. Natürlich hat Gott nichts Blasiertes an sich, aber es klang doch, als sei die ST.A.E.L. sehr zufrieden mit sich selbst.

Wie gesagt, ich fühlte mich, als sei eine Fliegenklatsche auf meine Selbstüberschätzung niedergesaust, aber es macht mir nichts aus, wenn mir etwas dergleichen passiert. Die Werke des Heiligen Geistes sind so voll Witz und Weisheit. Er ist niemals langweilig.

Ich sollte hinzufügen, daß mein Erlebnis auf dem Bahnhof Paddington nicht als Fingerzeig dafür interpretiert werden sollte, daß Gott unweigerlich all seinen Jüngern Sitzplätze reserviert, wenn sie mit öffentlichen Verkehrsmitteln reisen! Es käme mir zwar sehr gelegen, wenn er es täte – es würde mir zweifellos das Leben erleichtern! Betrachten wir das Ereignis jedoch lieber als einen weiteren Beweis dafür, wie Gott von lebenden Gleichnissen Gebrauch macht, um seine Kinder zu lehren, und als einen tröstlichen Hinweis darauf, daß diese Gleichnisse für jeden einzelnen von uns maßgeschneidert sind.

KINDER

Eine Gute-Nacht-Geschichte

Manchmal gelingt es einem, selbst in den verzweifeltsten Situationen noch einen Hoffnungsstrahl aufleuchten zu sehen. Zeitungsreportagen und Fernsehsendungen beschäftigen sich heute ziemlich häufig mit dem Problem heimatloser Kinder in London und anderen Großstädten. Das sind junge Menschen, die buchstäblich davongelaufen sind vor schwierigen Situationen im Elternhaus oder aus den staatlichen Kinderheimen. Einige von ihnen sind beängstigend jung. Es braucht nicht viel Phantasie, um sich auszumalen, welche Gruben und Schlingen auf diese naiven Zwölf- und Dreizehnjährigen lauern, die sich obdachlos und ohne einen Pfennig in der Tasche in den großen Städten herumtreiben.

Solche Zeitungsmeldungen erregen immer prompt meine Aufmerksamkeit, denn vor dem großen Kurswechsel, der vor ein paar Jahren in meinem Leben stattfand, war ich Erzieher für „Kinder und Jugendliche in persönlichen Problemsituationen", wie es im Soziologenjargon heißt. Es widerstrebt mir, sie als „schwererziehbare" Kinder zu bezeichnen, denn ein erschreckend hoher Anteil meiner Zöglinge waren – möglicherweise – ganz normale Kinder, die einen verzweifelten Überlebenskampf unter hochgradig gestörten und lebensunfähigen Erwachsenen kämpften. Sie hatten, wie Jesus es im Gleichnis vom Sämann formuliert, keine Wurzeln schlagen können. Für sie gab es keinen guten Ackerboden, wie zuverlässige Fürsorge und Wärme und Disziplin und Ermutigung ihn hervorbringen. Ich bin der letzte, der leugnen wollte, daß jeder Mensch für seine Handlungen verantwortlich ist, welchen Einfluß Milieu und familiärer Hintergrund auch ausüben mögen. Aber der Lebensweg einiger dieser Kinder führte mit einer trostlosen Unausweichlichkeit bergab, die einem das Herz brechen konnte.

Ende der siebziger Jahre arbeitete ich achtzehn Monate lang im Sicherheitstrakt eines Kinderheims in Mittelengland. Diese „geschlossene Unterbringung", wie sie ziemlich grimmig genannt wird, diente der Aufnahme von Kindern, die entweder gefährlich gewalttätig oder notorische Ausreißer waren, so daß man sie nicht in offenen Wohnheimen unterbringen konnte. Während ihres Aufenthalts im Sicherheitstrakt, der für gewöhnlich ein paar Wochen dauerte, wurde jedes Kind begutachtet und dann die Entscheidung getroffen, wo es langfristig untergebracht werden sollte.

Die Gründe, weshalb Jugendliche in dieser doppelt versperrten, nur sieben Betten umfassenden Miniaturwelt untergebracht wurden, waren zuweilen außergewöhnlich bizarr. Ein Junge, ein durchaus harmlos aussehendes Bürschchen, hatte beispielsweise die Angewohnheit, streunende Hunde aus der ganzen Umgebung in seinem Haus zu sammeln und sie dann „zum Spaß" auf kleine Mädchen zu hetzen. Ich erinnere mich noch, wie meine Schwiegermutter dem Sicherheitstrakt furchtlos einen Besuch abstattete und eine ganze Weile mit besagtem Jungen plauderte. Sie hatte natürlich keine Ahnung von seinem absonderlichen Hobby, und später sagte sie: „Ich kann einfach nicht begreifen, warum er hier ist. Er scheint doch ein ganz normaler Junge zu sein. Wir haben uns ganz reizend über Hunde unterhalten – er interessiert sich sehr für sie, nicht wahr?"

Ein anderer Junge, erst zwölf Jahre alt, wurde nach einem Mordversuch in den Sicherheitstrakt eingewiesen. Er hatte versucht, ein sechsjähriges Mädchen zu ertränken, weil sie ihn ein Jahr lang damit gequält hatte, daß sie ihm bei jeder Begegnung „Fettsack" nachrief. Seine Schilderung, wie er ihr aufgelauert, sie in den Fluß gestoßen und ihren Kopf unter Wasser mit seinem Stiefel festgehalten hatte, bis er sie für tot hielt, ließ einem – gelinde gesagt – das Blut in den Adern gefrieren.

Einige der älteren Jugendlichen, der Siebzehn- und Achtzehnjährigen, waren hartgesottene, unbußfertige Gewohnheitsverbrecher, denen man in dieser Umgebung niemals völlig vertrauen durfte. Die Sozialarbeiter, die sich um diese kleine Gruppe von sieben „Besuchern" kümmerten, taten immer mindestens zu zweit

Dienst. Dabei konnte die Atmosphäre manchmal sehr herzlich und erfreulich sein, je nachdem, welche Mitarbeiter gerade Dienst hatten und wie die Kindergruppe zusammengesetzt war.

Meine Erinnerungen an diesen Ort sind ein kunterbuntes Gemisch, bewegend, grotesk und deprimierend zugleich. Aber da ist eine Erinnerung an diese eineinhalb Jahre, die immer wiederkehrt – die Erinnerung an ein Ereignis, das für uns alle einen schwachen Hoffnungsschimmer bedeuten könnte.

Eines Abends war (was ein ungewöhnliches Ereignis darstellte) ein fremder Sozialarbeiter in den Sicherheitstrakt gekommen, um den Jungen zu zeigen, wie man Stoffspielzeug – als Geschenke für Mütter oder kleine Schwestern oder Freundinnen gedacht – mit einfachsten Mitteln herstellen kann. Vier der abgebrühtesten Insassen hatten sich für diese Tätigkeit gemeldet und waren bald völlig darin vertieft, diverse Stofftiere zu nähen und auszustopfen. Sie machten mir mit allem Nachdruck klar, daß ihre Anstrengungen kein anderes Ziel hatten, als die zukünftigen Empfänger der Stofftierchen glücklich zu machen. Sie arbeiteten während des gesamten Unterrichts mit ungewohnter Sorgfalt und Konzentration. Es war ein wirklich netter, ruhiger Abend.

Später, nachdem das Abendessen verzehrt und der Sicherheitstrakt aufgeräumt war, wuschen sich die Jungen, und jeder begab sich für die Nacht in sein Zimmer. Damals hatte ich die traurige Pflicht, von einem Raum zum anderen zu gehen und nach einem kurzen Schwätzchen mit dem jeweiligen Bewohner die Türe ausbruchsicher zu versperren. Die vier Jungen, die beim Spielzeugnähen mitgemacht hatten, schliefen zufällig in vier nebeneinanderliegenden Räumen.

Im ersten Zimmer stellte ich fest, daß Ben – ein schurkischer und vom Leben gezeichneter Fünfzehnjähriger – sein neues, selbstgemachtes Stoff-Eichhörnchen neben sich ins Bett gesetzt hatte und ihm eine Gute-Nacht-Geschichte vorlas. Ich schloß die Türe lautlos und ging weiter zum nächsten Zimmer.

Sammy, ein gemeingefährlicher und unberechenbar gewalttätiger Jüngling, gab seinem Stoffkaninchen gerade einen Gute-Nacht-Kuß.

Im dritten Raum schlief Peter – ein wirklich reizender kleiner Bursche, der nur einfach nicht anders konnte, als immer wieder aus Heimen auszubrechen und alles zu klauen, was ihm unter die Finger kam – bereits tief und fest. Auf dem Polster entdeckte ich neben seinem Kopf ein kleines wolliges Köpfchen.

Der Bewohner des vierten Zimmers hieß Brett. Brett war alles andere als ein sentimentaler Typ. Die zermürbenden Schwierigkeiten seiner Kindheit und Zusammenstöße mit Vaterfiguren aller Art hatten ihn davon überzeugt, daß das Leben ein finsterer und freudloser Dschungel sei, ein Ort, wo man es sich einfach nicht leisten konnte, Schwächen zu zeigen.

Brett lag auf dem Rücken und starrte zur Decke. Das Eichhörnchen, das er abends angefertigt hatte, hatte er achtlos auf den Sessel neben seinem Bett geworfen.

„Nimmst du dein Eichhörnchen nicht mit ins Bett, Brett?" fragte ich ernsthaft. „Es sieht ein bißchen verloren aus, wie es da auf dem Sessel liegt."

„Blödsinn!" grunzte Brett. „Ich bin siebzehn. Bin kein kleines Kind mehr."

„Nein", dachte ich, während ich die Tür absperrte, „dir hat schon lange niemand mehr erlaubt, ein Kind zu sein."

Eine halbe Stunde später spähte ich durch das kleine viereckige Glasfenster in Bretts Zimmertüre. Ich sah zweierlei. Erstens: Brett schlief. Zweitens: Neben dem Bett stand ein Schuhkarton. Darin schlief in einem kuscheligen Nest aus Seidenpapier und einem Taschentuch Bretts Eichhörnchen neben seinem Schöpfer.

Was ist daran so hoffnungsvoll? Solche Ereignisse wecken eine Erinnerung in mir. In all den Jahren, in denen ich mit Kindern und jungen Erwachsenen in Schwierigkeiten zu tun hatte, habe ich niemals jemand kennengelernt, dessen inneres Kind völlig ausgelöscht gewesen wäre. So hart und abgebrüht ein Mensch auch sein mag, so scheint doch in jedem einzelnen etwas zu schlummern, das fähig ist, mit der Einfalt eines kleinen Kindes zu reagieren. Und dies ist der Teil unserer selbst, den Gott zu sich ruft, wo immer er verlorengegangen sein mag – im Großstadtdschungel oder in einem zerstörerischen Lebensstil.

„Laßt die Kindlein zu mir kommen", sagte Jesus. Zweifellos wußte er, daß viele dieser Kinder in den Herzen von Erwachsenen eingesperrt sind, denen es schon lange nicht mehr gestattet war, Kinder zu sein.

Das Sportfest

Kürzlich fragten mich meine Kinder, was ich mir im Fernsehen am liebsten ansehe. Ich mußte eine Weile darüber nachdenken, ehe ich mir über die Antwort klarwurde. Sie lautet: Sport im allgemeinen und Leichtathletik im besonderen. Am liebsten von allen Sportarten ist mir der Staffellauf. Diese überschäumende Energie, diese Bereitschaft, in einer gemeinsamen Anstrengung sein Äußerstes zu geben, berührt mich zutiefst. Und es müssen keineswegs die Olympischen Spiele oder etwas von ähnlich großartigem Niveau sein. Ich beschränke mich natürlich auch nicht auf das Fernsehen; Sportereignisse „live" sind genauso aufregend.

Das galt auch für das Internat für verhaltensgestörte Jungen, in dem ich vor Jahren arbeitete, wenn wir dort unsere eigenen Sportfeste abhielten.

Was ist ein verhaltensgestörter Junge? Nun, grundsätzlich ist das jemand, der nicht fähig ist, mit seiner Lebenssituation angemessen fertig zu werden und sich angepaßt zu verhalten. Das ist häufig nicht seine eigene Schuld. Fairerweise muß gesagt werden, daß ich viele Fälle kennengelernt habe, in denen die Eltern weitaus verhaltensgestörter waren als ihre Kinder und mit Begeisterung die Gelegenheit wahrnahmen, ihr eigenes Unglück und ihre eigenen psychischen Störungen auf einen Sohn zu projizieren, den man dann wie ein amputiertes Glied entfernen und aus dem Weg räumen konnte, indem man ihn in die Besserungsanstalt steckte. Andere Jungen stammten aus Elternhäusern, in denen die Kinder zwar ehrlich geliebt und umsorgt wurden, aber unbarmherzig feindselige äußere Umstände es den Eltern unmöglich machten, ihre Familien so zusammenzuhalten, wie sie es gerne getan hätten.

31

Die Jungen an dieser speziellen Schule kamen alle aus schwierigen Familien. Sie hatten fast ausnahmslos mehr Erfahrung darin, Niederlagen einzustecken, als Siege zu feiern. Folglich war das Sportfest immer ein Ereignis von großer Tragweite, ein Tag nervlicher Anspannung, vor allem, weil die Eltern einiger Teilnehmer als Zuschauer anwesend waren.

An diesen Wettbewerben nahmen auch ein paar schier unglaubliche Typen teil. Ich erinnere mich beispielsweise an ein Bürschchen namens Vincent, ein sehr liebenswerter kleiner Kerl und der unfähigste Kriminelle, den die Welt je gesehen hatte. Er wurde unausweichlich erwischt, aber das schien ihm nichts auszumachen. Eines Tages machten wir mit einigen Jungen, unter ihnen auch Vincent, im Schulbus einen Ausflug nach Bristol. Vincent stieß ein lautes, zweideutiges Gegacker aus, als wir anhielten, damit eine schwangere Frau die Straße überqueren konnte.

„Ich weiß nicht, was es da zu lachen gibt", sagte ich. „Alle Leute, die du hier siehst, sind Endprodukte einer Schwangerschaft."

„Na klar weiß ich das", sagte Vincent, plötzlich ganz ernst. „Ich hab doch in Bristol gewohnt."

Mag sein, daß er glaubte, Geburten infolge von Schwangerschaften seien ein für Bristol charakteristisches Phänomen. Oder war er der Meinung, er persönlich habe die gesamte Bevölkerung von Bristol gezeugt? Ich fand niemals eine eindeutige Antwort darauf.

Vincent hatte noch nie im Leben einen Sieg erlebt. Fünfzehn Jahre lang war er in seinem Elternhaus ein unerwünschter Statist gewesen und nun hatte er keine Spur von Selbstvertrauen mehr. Er mußte einfach zum Angeber werden.

Dann gab es da Jungen wie den kleinen Donald. Donald war einige Jahre jünger als Vincent, aber sein Leben war – soweit das überhaupt möglich war – noch um einiges schwerer gewesen. Sein Vater hatte ihn über Jahre hinweg tagtäglich verprügelt, und zuletzt hatte Donald eine gewisse Ähnlichkeit mit Piglet in den Geschichten von Winnie-the-Pooh: Er bibberte förmlich vor Eifer, zu gefallen, aber er war furchtbar nervös, und er war spindeldürr. Donald pflegte früh am Morgen aufzustehen, um hinauszugehen und

32

die Bäume zu umarmen, und er schrieb ziemlich oft Briefe an sich selbst. Mehr als alles andere in der Welt wünschte er sich einen wirklichen Freund.

Eines Tages ertappte ich ihn am Telefon, wie er gerade versuchte, eine etwas irritierte Dame bei der Vermittlung dazu zu bewegen, ihn mit seinem Vater zu verbinden. Ich versuchte eine ganze Weile, ihm behilflich zu sein, bis Donald so nebenbei erwähnte, im Hause seines Vaters gäbe es keinen Telefonapparat. Selbst nachdem ich ihm alles erklärt hatte, verstand er es nicht wirklich.

„Die anderen Jungen rufen doch auch ihre Väter an", sagte er, „warum darf ich meinen nicht anrufen?"

Ich gab mir alle Mühe, ihm die Funktionsweise des Telefons so ausführlich wie nur möglich zu erklären, aber er ließ sich nicht überzeugen. Er war ganz offenkundig der Meinung, daß wir ihn absichtlich schikanieren wollten. Insgeheim betrachtete ich es freilich als Segen, daß es ihm nicht so ohne weiteres möglich war, sich Zugang zu den groben und lieblosen Worten zu verschaffen, die er zweifellos von seinem Vater zu hören bekommen hätte, wäre regelmäßiger telefonischer Kontakt möglich gewesen.

Für Donald wäre es das Höchste gewesen, einen Siegespreis am Schulsporttag davonzutragen – irgendeinen beliebigen Siegespreis –, vorzugsweise natürlich dann, wenn sein Vater dem Spiel zusah. Denn trotz allem, was ihm schon Schlimmes widerfahren war, war sein Vater nach wie vor der einzige Mensch auf Erden, an dessen Anerkennung ihm wirklich lag.

Aus den Aufzeichnungen der Schule geht eindeutig hervor, daß weder Vincent noch Donald jemals ein Rennen gewannen. Vincent war ein hochaufgeschossener, sehr magerer Junge, dessen Füße wie die Charlie Chaplins' nach außen wiesen. Er watschelte daher wie ein Pinguin. Nicht gerade das, was man einen geborenen Sprinter nennt!

Donald war auch nicht gerade eine Sportskanone. Wenn er Tempo zulegte, sah es aus, als versuchten seine Beine sich links und rechts vom Körper zu lösen, während sein Rumpf sich in einer verhältnismäßig geraden Linie vorwärtsbewegte. Ich schwöre es:

Seine Ohren flatterten im Wind wie Piglets Ohren, wenn er so richtig loslegte!

Sie gewannen niemals einen Preis – aber welche Mühe sie sich gaben! Das war es, was mir die Tränen in die Augen trieb, diese verzweifelten tomatenroten Versuche, aller Welt zum Trotz einmal Sieger zu sein. Ich bewunderte diese Haltung schon damals von Herzen, und ich bewundere sie heute noch.

Heutzutage ist in der Kirche furchtbar oft die Rede von TRIUMPH und GEISTLICHEN SIEGEN und ÜBERWINDUNG. Aber wer sind die, die davon reden? Zwar nicht immer, aber doch allzu oft sind es Kirchenführer und professionelle Redner, ehrgeizige, talentierte, gesellschaftlich anerkannte Menschen, die sich an die Spitze des Feldes vorkämpfen, während die Donalds und Vincents der Christenheit hoffnungslos abgeschlagen als Schlußlicht des Rennens daherkeuchen.

Eines der Dinge, die die Leute so heftig gegen Jesus aufbrachten, war seine Weigerung, bei den politischen, sozialen oder religiösen Wettrennen seiner Zeit an den Start zu gehen. Er kehrte in der gewohnten sozialen Ordnung das unterste zuoberst. Er war so beschäftigt mit den Vincents und Donalds, den sogenannten Versagern, daß er gar nicht daran dachte, als Zugpferd bei den Rennen der Erfolgreichen mitzulaufen.

Er ist heute derselbe wie damals, und die Worte, die er vor zweitausend Jahren sprach, sind ein ewig gültiges Versprechen für all jene, die sich so viel Mühe geben und es doch einfach nicht schaffen, den Sieg davonzutragen.

„Die ersten werden die letzten sein, und die letzten werden die ersten sein."

Wahl der Waffen

Vor einiger Zeit empfing unser Hausbibelkreis eine Weisung des Herrn (man sollte vielleicht sagen: wir fühlten, daß der Herr uns sagen wollte – ach was, schon gut, wir hielten es einfach für einen guten Gedanken), uns einmal näher mit einigen Gleichnissen zu befassen. Gleichnisse sind, um es einmal ganz allgemein zu sagen, Geschichten, die auf den ersten Blick nur zur Unterhaltung gedacht scheinen; man sitzt gewissermaßen auf der Türschwelle und hört zu, und die Wahrheit klettert derweil unbemerkt durch ein Kellerfenster hinein. Jesus war natürlich ein meisterhafter Erzähler. Man kann immer wieder noch etwas Neues in diesen kunstvoll gestalteten kleinen Geschichten entdecken.

Wir kamen überein, mit dem Gleichnis vom Weizen und dem Unkraut zu beginnen, das im dreizehnten Kapitel des Matthäusevangeliums erzählt wird. Wir hören, wie der Feind eines Bauern während der Nacht heimlich Disteln in dessen Weizen sät und wie der Bauer beschließt, die Disteln mit dem Weizen wachsen zu lassen bis zur Ernte, denn wenn man sie zu früh auszureißen versuchte, würde auch das Korn beschädigt. Im selben Kapitel erklärt Jesus dann den Jüngern, daß der Weizen die Kinder des Reiches Gottes bedeutet und die Disteln Menschen, die dem Teufel angehören, die der Böse ausgesät hat, um Gottes Auserwählte zu verstören.

Natürlich ist jedes einzelne Mitglied unserer Gruppe ein verblüffendes Beispiel völliger Erneuerung, aber ich fragte mich doch, während unsere Diskussion einen überaus zufriedenstellend interessanten und anregenden Verlauf nahm, ob auch andere Pilger auf Erden denselben unwillkürlichen Stich des Selbstzweifels erlebt hatten, während sie sich die Geschichte anhörten.

„Disteln! Disteln!" kreischte die gellende Stimme meiner alten Unsicherheit. „Du nennst dich Weizen, du Unkraut? Du machst wohl Witze!"

„Sei doch mal still", sagte die ruhige Stimme der Freundlichkeit und der Vernunft. „Du bist vielleicht ein bißchen weich in der Birne, aber du bist Weizen. Du bist *mein* Weizen. Verstanden?"

Es hat viele Jahre gedauert, bis ich diese ruhige Stimme überhaupt hören, geschweige denn ihr vertrauen konnte. Gott allein weiß, was ich heute täte, wäre diese Stimme nicht.

Ich weiß nicht, ob noch irgendein anderes Mitglied unserer Gruppe mit inneren Zweifeln zu kämpfen hatte, Zweifeln, ob sie nicht Kinder des Teufels seien, ohne ihr Wissen angepflanzt, um den Heiligen Schaden zu tun. Aber ich weiß mit Sicherheit, daß es einer Unzahl Christen viel leichter fällt, sich als verdammt und verworfen zu betrachten, als zu glauben, daß ihnen vergeben ist und sie wirklich angenommen sind. Wahrscheinlich haben sie sich schon bei der Geburt bei der Hebamme entschuldigt, daß sie so viel von ihrer kostbaren Zeit beanspruchen. Diese besondere Verletzlichkeit, diese Tendenz, in jeder nur denkbaren Situation die Rolle des Jona zu übernehmen, macht das Leben nicht gerade einfach – um es mal vorsichtig auszudrücken.

Als mein ältester Sohn, Matthew, ein kleiner Junge war, ging er in eine Schule in Norfolk. Mrs. Shaw, die dortige Schuldirektorin, war eine kleine Person, was die körperliche Erscheinung angeht, aber eine Naturgewalt in der kleinen Welt, die sie mit ehrfurchtgebietender Tüchtigkeit und unerschütterlichem Selbstbewußtsein regierte. Eines Tages kletterte Matthew – der damals gerade erst fünf Jahre alt war – um halb vier Uhr nachmittags aus dem Schulbus und trug auf seinem üblicherweise fröhlichen kleinen Gesicht eine Leichenbittermiene zur Schau, als sollte die Welt untergehen. Eine halbe Stunde und zwei tränendurchfeuchtete Sandwiches später wußten wir, was ihn bedrückte. Er war an diesem Nachmittag kurz vor Schulschluß über den Schulhof gegangen, als er zufällig die Hand in die Tasche steckte und darin eine Münze entdeckte, die noch vom Wochenende her dort steckte. Im selben Augenblick stürzte ein Exemplar jener abscheulichen Spezies, der „Großen Mädchen", auf ihn los. Sie erinnerte ihn daran – vermutlich mit herzhaftem Vergnügen –, daß Mrs. Shaw in der vergangenen Woche ein paar ziemlich scharfe Äußerungen gemacht hatte, was mit Kindern geschehe, die Geld in die Schule mitbrachten.

„Warte du nur", sagte das „Große Mädchen". „Ich sag's Mrs. Shaw, daß du Geld mitgebracht hast! Und dann kannst du was erleben!"

Matthew war wie erstarrt vor Entsetzen. Im Vergleich mit Mrs. Shaw wirkte die Spanische Inquisition wie das Rote Kreuz. Er war völlig überzeugt, der morgige Tag würde der schlimmste seines Lebens sein – und vermutlich auch der letzte. Wir machten uns ernsthafte Sorgen. Matthew war offenkundig der Ansicht, seine Direktorin würde ihm buchstäblich den Hals umdrehen. Was sollten wir tun? Nach einer Weile beschloß ich, Mrs. Shaw einen Brief zu schreiben, in dem ich sie zum Duell herausforderte. Es war das einzige, das mir ad hoc einfiel. Soweit ich mich erinnern kann, begann der Brief etwa folgendermaßen:

Sehr geehrte Mrs. Shaw,
Matthew schwebt in Todesangst, Sie würden ihn morgen früh umbringen, weil er gestern zufällig ein Geldstück in die Schule mitgebracht hat. Ich fordere Sie deshalb zum Duell auf dem Hügel hinter der Schule. Es ist mir ein Vergnügen, Ihnen die Wahl der Waffen zu überlassen: Säbel oder Pistolen. Falls Sie gewinnen, mögen Sie Matthews abscheuliches Verbrechen mit der Strafe belegen, die Ihnen angemessen erscheint. Falls ich gewinne, bleibt er ungestraft . . .

Ich hatte nur eine einzige Sorge, als ich den Umschlag zuklebte. Was war, wenn sie meine Herausforderung annahm? Ich bin überzeugt, sie hätte das Duell gewonnen.

Der Trick mit dem Brief funktionierte. Die Direktorin schrieb mir zurück, wie sehr sie und die anderen Lehrer sich über mein Schreiben amüsiert hatten. Aber sie vermerkte auch, daß sie etwas daraus gelernt hätte, nämlich: Dramatische Donnerworte, die wirklichen Gesetzesübertretern entgegengeschleudert werden, können die Seelen kleiner, unschuldiger Menschen in Angst und Schrecken versetzen, wenn sie noch gar nicht begriffen haben, worum es geht. Wie man sieht, war Mrs. Shaw im Grunde eine sehr nette Person.

Einige der Worte, die Jesus gesagt hat, sind sehr beängstigend. So waren sie zweifellos auch gemeint. Er ließ sich nie auf faule Kompromisse ein, wenn die Wahrheit klipp und klar ausgesprochen werden mußte. Aber wie zart und vergebungsbereit war er denjenigen gegenüber, die sich ihrer Sünden bewußt waren! Und er ist es noch immer, vor allem im Umgang mit ängstlichen Kornähren wie Ihnen und mir.

Ich bin völlig davon überzeugt, daß es zu der Zeit, als Jesus im Fleisch auf Erden wandelte, viele kleine nervöse Kerlchen gegeben haben muß, die den Meister am Ärmel zupften, nachdem sie eine dieser durch Mark und Bein gehenden Reden über Höllenfeuer und Zähneknirschen gehört hatten.

„Äh . . . bitte vielmals um Entschuldigung", werden sie wohl gesagt haben, „aber ich fürchte – ich glaube, ich schaff's nicht."

„Keine Angst", flüsterte er ihnen hinter vorgehaltener Hand zu. „Wir sprechen uns später. Erst kriegt diese Bande ihr Fett."

Und „diese Bande" waren die Heuchler, die Pharisäer, diejenigen, die behaupteten, alles richtig zu machen, diejenigen, die unerträgliche Lasten schnürten, um sie den Menschen aufzubürden – eben jenen kleinen furchtsamen Menschlein, die so gerne gut sein wollten, aber wußten, daß sie es aus eigener Kraft niemals schaffen konnten.

Wir flehen in unseren Gebeten nicht um die unerbittliche Gerechtigkeit Christi, die Abneigung Gottes und die Unfreundlichkeit des Heiligen Geistes. Es sind doch Gnade, Liebe und Brüderlichkeit jene Eigenschaften Gottes, die uns das Herz erwärmen und uns zu ihm hinziehen. Gott haßt alle Sünde, daran läßt er nicht den geringsten Zweifel, und Gesetz ist Gesetz. Aber im tiefsten Grunde ist er fast so liebenswürdig wie Mrs. Shaw.

Herzenstatsachen

Es ist nun schon mehr als fünfunddreißig Jahre her, daß meine Großmutter starb. Während ihrer ganzen Ehe und auch nach dem Tod meines Großvaters hatte sie in einem kleinen Haus gewohnt, das „Cabinda" genannt wurde. Es stand auf der Kuppe eines Hügels in der kleinen Stadt Heathfield in Sussex. Von meinen Eltern abgesehen liebte ich Nanna mehr als jeden anderen Menschen auf der Welt. Beispielsweise war sie die einzige Person außer Mama und Papa, die mich nackt sehen durfte. Es war immer ein enorm aufregendes Abenteuer, mit dem Bus die vierzehn Meilen von Tunbridge Wells nach Heathfield zu fahren, um sie zu besuchen. Manchmal dachte ich, das Herz müßte mir zerspringen vor Aufregung und Freude, wenn meine Mutter und ich durchs Gartentor traten und den ersten Blick auf die vertraute hagere Gestalt warfen, die an der Haustüre wartete, um uns zu begrüßen.

Wenn ich heute an sie denke, bricht eine Welle von Bildern aus der Kindheit über mich herein. Ihr Gesicht war ein strahlendes Licht in einem Kranz von grauem Haar, und sie schien immer dieselbe grüne Strickweste zu tragen. Sie besaß einen Kreisel, der schon meiner Mutter gehört hatte, als sie ein kleines Mädchen gewesen war, aber immer noch summte wie neu. Sie besaß eine große Pappschachtel mit einem wundervollen Sortiment von Kleinkram, aus dem man allerlei Schnickschnack basteln konnte und eine Lade voll ausgeblasener Vogeleier und einen Garten, der in einen Obstgarten voller Birnbäume überging, und Wärmeflaschen aus Steingut und eine Bibel mit mächtigen Metallschließen, die wie die Schatzkiste eines Piraten aussah. Nanna steckte immer voller Pläne, wie man anderen Leuten Freude machen könnte, und ich durfte ihr bei der Ausführung dieser Pläne helfen. Sie hatte auch immer Zeit, mir Geschichten vorzulesen, und wenn sie in der Küche zu tun hatte, durfte ich mit lustigen altmodischen Geräten und Behältern hantieren und die Speisekammer betreten, zu der man eine Stufe hinabsteigen mußte. Auf einem Feld neben dem Haus stand ein Autowrack aus der Vorkriegszeit, in dem ich sitzen und so tun konnte, als könnte ich bereits Auto fahren. So viele Erinnerungen, die sich in so wenigen Jahren angesammelt haben!

Ich war erst sechs Jahre alt, als Nanna starb. Es war das Alter, in dem man seine Tränen verbeißt. „Wir alle müssen jetzt sehr tapfer sein", sagte Mama, aber ich brachte es absolut nicht fertig, tapfer zu sein, als ich die Nachricht hörte. Es war, als hätte ich einen Schlag auf den Schädel bekommen, so schockierend und schmerzhaft, daß ich es zuerst nicht glauben konnte. Fast sofort jedoch wich der Schmerz einem Gefühl der Betäubung. Irgendwie gelang es mir, ganz unbewußt die Nachricht, die ich nicht hören wollte, in den Hintergrund zu verdrängen, so daß sie keine Möglichkeit fand, mein Herz – den einzigen Ort, an dem man die Dinge wirklich glaubt – zu berühren oder zu bewegen.

Kurz nach Nannas Tod machte ich mich zu Fuß auf den vierzehn Meilen langen Weg von Tunbridge Wells nach Heathfield. Damals schien es mir, als motivierte mich einfach eine hartnäckige Entschlossenheit, kurzerhand die Stadt zu besuchen, die in meinem Leben immer eine so besondere Rolle gespielt hatte. Aber rückblickend bin ich mir ziemlich sicher, was ich tatsächlich vorhatte: Ich wollte mir beweisen, daß meine Großmutter noch lebte, was immer die Leute sagen mochten. Ausgerüstet mit einem Päckchen Süßigkeiten im Wert von fünf Pence machte ich mich auf den Weg. Ich sagte meinen Eltern, wohin ich wollte, aber – was eigentlich zu erwarten war – sie nahmen mich absolut nicht ernst. Sie dachten wohl, Kinder in meinem Alter täten so etwas einfach nicht. Sie dachten, ich hätte mir einfach ein neues Spiel ausgedacht.

Den ganzen Tag lang trottete ich an der Busroute entlang dahin, die ich von den zahllosen Besuchen bei Nanna so gut in Erinnerung hatte. Hin und wieder aß ich von meinem kleinen Vorrat an Süßigkeiten und hoffte, daß der Weg nicht mehr allzu lang sein möge.

Gegen fünf Uhr nachmittags gingen mir die Süßigkeiten aus. Ich war müde. Ich hatte es bis Mayfield geschafft, einer Ortschaft, die neun Meilen südlich von Tunbridge Wells und immerhin fünf Meilen von Heathfield entfernt liegt. Und dort brach die Wahrheit urplötzlich über mich herein. Nanna war tot. Es hatte keinen Sinn, weiterzugehen. Wenn ich Heathfield erreichte und den Hügel hinaufging, würde Haus Cabinda immmer noch da sein, aber es hätte keinen Sinn mehr, durch das Gartentor zu treten und an die Türe zu klopfen, denn niemand würde sie öffnen. Nanna war tot. Ich kehrte um und machte mich auf den langen Rückweg nach Tunbridge Wells.

Stunden später langte ich wieder in meinem Elternhaus an, wo mich meine Eltern mit überwältigender Erleichterung und ein Polizist mit Vorwürfen empfingen.

Aber ich hatte die Reise nicht umsonst gemacht. Die Tatsache, daß meine Großmutter tot war, war mir vom Kopf ins Herz gedrungen. Ich bin nun einmal so angelegt, daß ein Fußmarsch bis nach Mayfield nötig war, damit das geschehen konnte.

Wir sind oft geradezu grausam gefühllos gegenüber diesem Bedürfnis, die Distanz zwischen Kopf und Herz zu überwinden, wenn unsere Mitmenschen den Eindruck erwecken, als verweigerten sie sich hartnäckig unseren evangelistischen Bemühungen. Für viele Leute geht es einfach nicht nur darum, Informationen über den christlichen Glauben zu erhalten. Oft müssen sie noch einen weiten Weg zurücklegen – emotionell, intellektuell, spirituell oder auf allen drei Ebenen zugleich –, bis die nackte Information sich in eine persönliche Wirklichkeit in ihrem Leben verwandelt. In dieser Phase ist es, gelinde gesagt, nicht besonders hilfreich, mit den großen evangelikalen Nagelschuhen ungeduldig herumzustampfen.

Ich erinnere mich in diesem Zusammenhang an ein Erlebnis mit meinem Sohn David, als er etwa sieben Jahre alt war. Wir waren damals auf Urlaub in Wiltshire und besuchten ein Dorf in der Nähe von Salisbury. Wie gewohnt machten wir einen Abstecher in die Dorfkirche und begannen, mit dem üblichen feierlich-langsamen Schritt des Dorfkirchenforschers herumzuschlendern. Nachdem ich ein paar Minuten lang umhergestreift war, kam ich zu einer kleinen Seitenkapelle. Dort stieß ich auf David. Er stand völlig reglos

41

und in tiefste Konzentration versunken vor einem alten Ölgemälde, das die Kreuzigung darstellte. Ich spähte über den Scheitel meines Sohnes hinweg und betrachtete eingehend das Gemälde, das seine Aufmerksamkeit so sehr fesselte. Es war keine dieser idealisierten, ziemlich unwirklichen Darstellungen Jesu am Kreuz. Der Künstler hatte offenkundig die Absicht gehabt, das entsetzliche körperliche Leiden zu schildern, das die Opfer dieser barbarischen Strafe durchlitten. Der Jesus auf diesem Gemälde war ausgemergelt vor Schmerz und Erschöpfung, blutbefleckt von den Wunden, die eine mit grausamem Realismus gemalte Dornenkrone in die Haut riß, und schwitzte wie ein Fieberkranker. Es war die Darstellung eines Menschen, der den Tod herbeisehnt.

David hatte von Jesus erzählen gehört, seit er ein Baby war, er kannte zahllose Erzählungen, Lieder, Gedichte und Gespräche über sein Leben, seine Lehren, seinen Tod und seine Auferstehung. Die Fakten der Kreuzigung waren ihm zweifellos vertraut, aber der Ausdruck auf seinem Gesicht, als er sich umdrehte und mich ansprach, war fremd. Seine Stimme zitterte vor Schock und Mitleid, als er sagte:

„Die haben Jesus aber ganz gemein wehgetan, was, Papa?"

Das Wissen war in sein Herz gedrungen. Sie hatten Jesus wirklich wehgetan, und er war wirklich an diesem Kreuz gestorben.

Aber er war auch wirklich ins Leben zurückgekehrt.

Jesus ist tot. Nanna ist tot. Aber David und ich erwarten, daß wir sie beide eines Tages wiedersehen.

Also sprach Katy

Das schönste Ostergeschenk meines Lebens war meine Tochter Katy.

Ich muß ehrlicherweise zugeben, daß unser viertes Kind alles andere als geplant war. Man könnte sie einen unbedachten Nachzügler nennen. Bridget und ich hatten bereits drei Söhne und liebten sie sehr, aber wir waren ganz entschieden dagegen, noch ein weiteres Kind zu bekommen. Als Bridget 1979 feststellte, daß sie schwanger war, fiel es ihr und mir sehr schwer, Freude und Dankbarkeit zu empfinden. Ganz im Gegenteil! Wir fühlten uns erschöpft und gereizt bei der Aussicht, unserer Kindersammlung noch ein weiteres Kind hinzuzufügen. Wir hatten das Gefühl, daß drei Kinder schon genug Chaos produzierten.

Darüber hinaus war Bridget in einem Alter, wo es während der Schwangerschaft häufig zu gesundheitlichen Problemen von Mutter und Kind kommt. Wir beiden waren – offen gesagt – ziemlich ängstlich und nervös.

Als die neun Monate einer nach dem anderen vorübergingen, gelang es uns allmählich, uns zusammenzureißen und einen, wenn auch etwas wackligen Optimismus an den Tag zu legen. Wir sprachen mit klirrender Fröhlichkeit über den kleinen Jungen, der im März geboren werden sollte. Nur sehr selten wagten wir es, offen die Möglichkeit in Betracht zu ziehen, daß das Kind ja auch ein Mädchen sein könnte. Statt dessen zuckten wir, wie es so üblich ist, die Achseln und sagten: „Ach was, wenn es nur gesund ist, ist es uns egal, ob Junge oder Mädchen."

Ich kann nicht für meine Frau sprechen, aber was mich betrifft, war jede Wiederholung dieses abgelutschten Klischees eine faustdicke Lüge. Ich *wollte* ein Mädchen. Ach, wie sehnte ich mich nach einem Mädchen! Als die neun Monate ihrem Ende zugingen, müssen die himmlischen Posteingangskörbchen voll gewesen sein mit ganzen Stapeln von Petitionen mit drei Durchschlägen, alle von mir unterschrieben und alle mit demselben Inhalt: „Laß es ein Mädchen sein!"

Die Geburt fand am neunten März um etwa vier Uhr statt. Bridget hatte schwer zu schuften, aber es gab keine Komplikationen. In dem Augenblick, in dem die Hebamme unser viertes Kind hochhob, damit die Mutter es betrachten konnte, war Bridgets freudige Erwartung so völlig auf einen Jungen eingestellt, daß sie – allem Augenschein zum Trotz – ausrief: „Oh, der kleine Liebling, es ist ein Junge!"

Es mag ja sein, daß ich dann und wann im Leben gravierende Fehler gemacht habe, aber diesmal war ich mir sicher.

„Nein, Bridget", sagte ich, nachdem ich rasch einen zweiten prüfenden Blick auf das Kind geworfen hatte, „ich bin ziemlich sicher, daß es ein Mädchen ist . . ."

Die Hebamme war ganz meiner Meinung, und nachdem sie solcherart von der Mehrheit überstimmt wurde, änderte Bridget denn auch bald ihre Meinung.

Es war ein Mädchen. Es war Katy. Und was für ein Geschenk war sie für uns! Ein Geschenk für die drei Jungen, denn sie wurde rasch zum Mittelpunkt der ganzen Liebe und Zuwendung, derer sie fähig waren. Sie wechselten ihr die Windeln, sie paßten auf sie auf, sie knuddelten sie, und sie bewunderten sie von ganzem Herzen. Sie waren absolut hingerissen und entzückt von ihr.

Sie war ein Geschenk für Bridget, vorwiegend aus den oben genannten Gründen, und weil Katys Existenz bedeutete, daß sie nicht länger in einem reinen Männerhaushalt auf verlorenem Posten stand.

Sie war ein Geschenk für mich, denn durch sie trat etwas absolut Neues in mein Leben. Ich selbst bin einer von drei Brüdern, einer davon ist zwei Jahre jünger als ich, der andere zwei Jahre älter. Ich wußte nicht das geringste über kleine Mädchen und ihre Entwicklung. Es war überaus aufregend, zuzusehen, wie dieses kleine Juwel von einem Persönchen unter meinem Dach heranwuchs, wo sie an meinem Leben teilhatte und mich so erstaunlich viel lehrte. Als Katys Persönlichkeit sich entwickelte, brachten ihre Worte und Taten mich auf alle möglichen Ideen und Gedankenverbindungen.

Ich erinnere mich beispielsweise an eine Zugfahrt von Polegate nach Brighton, als Katy noch sehr klein – fast noch ein Baby – war. Als der Zug sich einem Tunnel näherte, kurz nachdem er den Bahnhof Lewes passiert hatte, steckte sie den Daumen in den Mund. Zufällig schoß unser Wagen in eben jenem Moment in die Finsternis des Tunnels. Beim Licht der Sechzig-Watt-Birnen, die unser Abteil trübe erleuchteten, sah ich, wie Katy den Daumen aus dem Mund riß und ihn in heller Verwunderung anstarrte.

„Du liebe Zeit!" dachte sie wohl. „Ich brauche bloß den Daumen in den Mund zu stecken, und schon ist es stockfinster!"

Der Zug brauste wieder aus dem Tunnel heraus, und voll freudiger Erwartung steckte sie den Daumen von neuem in den Mund. Natürlich passierte diesmal überhaupt nichts, aber sie ließ sich nicht entmutigen. Während der gesammten Fahrt nach Brighton – und auch später auf der Rückfahrt – wiederholte sie das Experiment mit unverminderter Begeisterung.

Ich konnte nicht verhindern, daß mir der Gedanke durch den Kopf schoß: Wie viele Denominationen sind wohl auf ähnliche „Wunder" gegründet . . .

Als Katy drei Jahre alt war, schlenderte ich an einem strahlenden Aprilmorgen in den Garten und traf meine winzige Tochter dabei an, wie sie einen Arm so hoch gegen den Himmel streckte, wie sie nur konnte. In der ausgestreckten Hand hielt sie eine einzelne Glockenblume, die sie eben am Wiesenrain gepflückt hatte. Während sie die Blume der strahlenden Morgensonne entgegenstreckte, gab sie ihr mit lauter begeisterter Stimme einen Namen.

„NARZISSE!" rief sie. „NARZI-I-I-SSE!"

Wie die meisten Eltern habe ich einen nervtötenden Hang zu pingeliger Genauigkeit. Ich korrigierte sie sanft.

„Nein, Liebling", sagte ich, „das ist eine Glockenblume."

Sie zog den Arm keinen Zentimeter zurück, und sie senkte ihr Stimmvolumen um kein einziges Dezibel. „GLOCKENBLUME!" schrie sie, „GLOCKENBLU-U-U-ME!"

Katys Freude entsprang dem Bewußtsein, ein Teil dieses Morgens zu sein und eine schöne Blume in der Hand zu halten, nicht etwas so Trivialem wie dem Rechthaben in einer Detailfrage. Sie akzeptierte meine pedantische Korrektur, aber sie änderte nichts an dem, was ihr wichtig war.

Hätten wir Christen nur ein wenig mehr Ähnlichkeit mit meiner Katy im Garten! Wären wir doch nur nicht so versessen darauf, mit unseren individuellen Dogmen und konfessionellen Schwerpunkten unbedingt recht zu behalten, und konzentrierten wir uns mehr auf die Freude, mit Jesus eins zu sein!

„DU MUSST IN ZUNGEN REDEN, UM EIN RECHTER CHRIST ZU SEIN!" schreit da vielleicht einer von uns in Ekstase.

„Nein, mußt du nicht", weist Gott uns sanft zurecht.

„DU MUSST *NICHT* IN ZUNGEN REDEN; UM EIN RECHTER CHRIST ZU SEIN!" schreien wir in unvermindertem Entzücken.

Kurz nach dem Zwischenfall im Garten ging ich mit Katy ins Theater. Wir wollten uns eine Aufführung ansehen, die vom Laienspielverein unseres Wohnorts gegeben wurde. In diesem Jahr war die besondere Attraktion für Kinder die Nachmittagsvorstellung des Märchens „Der Zauberer von Oz." Katy war aufgeregt und auch ein wenig ängstlich. Sie kannte die Geschichte gut und mochte alle die Figuren, die darin vorkamen, mit einer Ausnahme, der „Bösen Hexe des Westens". Diese Figur war der Anlaß gewesen, daß sie sich in Panik hinter dem Lehnstuhl verkrochen hatte, als die Geschichte als Zeichentrickfilm im Fernsehen gelaufen war. Wie die meisten Kinder ihrer Altersgruppe war Katy noch nicht imstande, Fakten und Fiktion auseinanderzuhalten.

Als ich ihr die wollene Strumpfhose anzog und wir uns auf den Weg ins Theater machten, versuchte sie sich selbst Mut zuzusprechen.

„Papa", sagte sie feierlich, „diesmal kommt aber keine Böse Hexe des Westens vor, oder? Nicht wahr, Papa?"

„Tja – ich fürchte, eine Hexe wird schon vorkommen", gab ich zu, „aber vielleicht können wir uns etwas ausdenken, das wir zu ihr sagen, wenn sie auftaucht? Dann brauchen wir keine Angst zu haben."

Katy bedachte diesen Vorschlag ein paar Sekunden lang sehr ernsthaft. Ihre Brauen zogen sich scharf zusammen, so intensiv dachte sie nach. Dann hellte sich ihr Gesichtchen auf. „Ich weiß schon, was wir machen", sagte sie fröhlich, „wenn wir sie sehen, dann sagen wir einfach: ‚Eins – zwei – drei – BUUUH!', dann ist alles in Ordnung, nicht wahr?"

„Das hört sich gut an, Katy", antwortete ich. „Wir wollen es ein paarmal üben, bevor wir gehen."

Wir übten, bis wir sicher waren, unser Verteidigungssprüchlein ohne Stottern herauszubringen. Dann brachen wir auf und marschierten durch die aufregende abendliche Dunkelheit zum Festsaal. Katy wisperte hin und wieder „Eins – zwei – drei – BUUUH!"

vor sich hin, nur so zur Vorsicht, falls die Hexe zufällig hinter einer Gartenhecke lauerte oder in den überhängenden Zweigen eines Baumes hockte.

Der Festsaal war erfüllt von Licht und Lärm, als wir ankamen. Unmengen von Kindern lachten und plauderten mit ihren Müttern und Vätern. Die Stimmung war so fröhlich, daß Katy alle ihre Ängste vergaß und munter mit Bekannten und Gleichaltrigen schwatzte.

Schließlich erloschen die Lampen, der Vorhang hob sich und die Vorstellung begann.

Katy war entzückt. Sie deutete mit dem Finger dahin und dorthin und erklärte mir alles wie einem Blinden. Da war das kleine Mädchen Dorothy, und da, ein wenig später, war die Vogelscheuche, dann der Blechmann und schließlich der Löwe (der „liebe" Löwe, wie Katy hastig beteuerte). So weit, so gut. Aber dann kam der unausweichliche Augenblick, wo ein grüner Scheinwerfer eingeschaltet wurde und die Böse Hexe auftauchte. Sie kicherte greulich, ihre lange krumme Nase berührte fast ihr langes, aufwärtsgekrümmtes, warzenbedecktes Kinn.

Laienspielgruppen sind oft nicht besonders begnadet, was die überzeugende Darstellung positiver oder neutraler Charaktere angeht, aber wenn es darauf ankommt, den Teufel an die Wand zu malen, sind sie erste Sahne. So war es auch bei dieser Gelegenheit. Diese Hexe war in der Tat höchst unerfreulich.

Katy war wie gelähmt vor Schreck. Sie vergaß ganz ihr „Eins – zwei – drei – BUUUH!". Sie fuhr wie der Blitz unter meine Jacke und preßte sich an meine Brust, als versuchte sie mir unter die Rippen zu kriechen. Was immer ich sagte oder tat, nichts konnte sie dazu bewegen, wieder hervorzukommen, bevor sie nicht absolut sicher war, daß die Hexe nicht noch einmal auftauchen würde.

Nach der Vorstellung versuchte ich ihr zu erklären, daß diese Hexe nichts weiter sei als eine ganz gewöhnliche Frau, die sich als Hexe verkleidet hatte. Katy hatte für diese Erklärung nur Spott und Hohn übrig. Eine Frau ist eine Frau – eine Hexe ist eine Hexe. Dummer Papa!

Als wir heimkamen, fragte ich mich, ob es nicht vielleicht ein

Fehler gewesen war, Katy mitzunehmen. Aber als sie den Mantel auszog, hatte sie sich bereits so weit gefangen, daß sie ihrer Mutter mit großer Lebhaftigkeit die Unterhaltung in allen Einzelheiten schilderte. Mir wurde klar, daß die Furcht ein notwendiger Teil der ganzen Erfahrung gewesen war und ihr vermutlich nicht schaden würde.

Später an diesem Abend saß ich da und sah meiner Tochter zu, wie sie sich auf ihre Fischstäbchen und gebackene Bohnen stürzte, und ich mußte an den Zauberer von Oz denken und daran, daß die ganze Geschichte ein Spiegelbild dessen war, was ich mir für Katy wünsche und was Gott sich schon immer für uns alle gewünscht hat.

Ich möchte, daß sie wie die Vogelscheuche einen scharfen und schöpferischen Verstand hat. Ich möchte, daß sie ein weites und liebevolles Herz hat wie der Blechmann. Und natürlich hoffe ich, daß sie so mutig wie ein Löwe sein wird, vor allem dann, wenn die Bösen Hexen dieser Welt die Bühne betreten. Ich bin überzeugt, daß sie zu ihrer Verteidigung etwas Wirkungsvolleres finden wird als „Eins – zwei – drei – BUUUH!".

Was ich mir aber vielleicht mehr als alles andere wünsche, ist dies: Daß Katy ihr Leben lang von derselben drängenden und leidenschaftlichen Sehnsucht erfüllt sein möge wie Dorothy (und, zufälligerweise, auch der Verlorene Sohn), nämlich dem Verlangen, letztendlich ins Vaterhaus heimzukehren.

HEIMKEHR

Eine brandgefährliche Begegnung

Manchmal versuche ich mir vorzustellen, was wohl passierte, wenn Jesus plötzlich auf einer außerprogrammäßigen Tour auf Erden zurückkäme, um die Tantiemen für seine Gleichnisse abzukassieren. Ich wette, mehr als ein Verleger würde in einer Wolke aus Feuer und Rauch aufgehen! Und so ziemlich jeder christliche Prediger müßte wohl tief in die Tasche greifen und zehn Prozent der Steuermünzen hinzählen. Seit zweitausend Jahren werden diese funkelnden kleinen Geschichten jetzt schon verwendet, um in einer endlosen Serie von Publikationen, Traktaten und Predigten zu kommentieren und zu illustrieren und zu beweisen und Gegenbeweise zu erbringen und zu bekräftigen und zu attackieren und zu unterhalten.

Nehmen wir nur beispielsweise einmal das Gleichnis vom Verlorenen Sohn. Ich begann mich ganz besonders für diese biblische Gestalt zu interessieren, nachdem ich an einem Herbstabend in einem College in Manchester einen Vortrag gehalten hatte. Ich war in einem Hotelzimmer untergebracht, das man nur als Matratzengruft bezeichnen kann. Tief im Herzen einer namenlosen Vorstadt gelegen, war es die Art Hotel, wo sie den Fernsehapparat mit einer Kette ans Wasserrohr anschließen, damit man ihn nicht so leicht klauen kann. Ich konnte den Bildschirm überhaupt nur richtig sehen, wenn ich flach auf dem Rücken auf dem Bett lag und zur Decke hinaufstarrte.

Kein Zweifel – irgendwo tief im Inneren dankte ich Gott, daß ich überhaupt ein Hotelzimmer hatte, aber was die etwas oberflächlicheren und weltlicheren Schichten meines Wesens anging, war ich schlicht und einfach stinksauer. Ich lag da in meinem gemieteten Mausoleum, verrenkte mir beinahe den Hals bei dem

Versuch, irgendeinen Käse auf dem Bildschirm zu sehen, und hatte plötzlich einen sehr schlimmen Anfall von Heimweh. Eins nach dem anderen stellte ich mir die Mitglieder meiner Familie vor – Bridget, Matthew, Joseph, David, Katy und Rosey, den Hund. Eine Welle des Jammers überschwemmte mich, als ich mir vorstellte, wie sie alle in der warmen, vertrauten Umgebung unseres Hauses und der Stadt, in der wir wohnten, ihr Leben lebten. Eine Weile lang hörte ich auf, ein komplexes menschliches Wesen zu sein. Mein ganzes Wesen, meine Vergangenheit und Gegenwart, krampften sich in einem einzigen sehnsüchtigen Verlangen zusammen. Ich wollte einfach nur nach Hause. Ich wollte dort sein, wo ich wirklich hingehörte. Da war ein Ort, der für mich maßgeschneidert war, ein Ort, den ich ausgetreten hatte wie bequeme Schuhe. Und eben, als dieses einzigartig schmerzliche Gefühl am schlimmsten wehtat, mußte ich plötzlich an den Verlorenen Sohn denken, wie er in Lumpen unter den Schweinen saß und sich mit einmal genauso fühlte, wie ich mich jetzt fühlte, nur viel intensiver, und wie er den Entschluß faßte, nach Hause zurückzukehren.

Wer kennt die Geschichte nicht? Seit zwanzig Jahrhunderten hat dieser ungestüme Junge sein Vaterhaus verlassen, die Taschen voller Geld und den Kopf voll Flausen, und ist verarmt und verhärmt zurückgekehrt. Jedes Detail seiner in kurzen Worten erzählten Geschichte ist mit theologischen Pinzetten erfaßt, hervorgezogen und unter die Operationslampe exegetischer Studien gelegt worden, wo es aus allen nur erdenklichen Blickwinkeln überprüft wurde.

Die Geschichte seines dramatischen Falls und Aufstiegs hat Millionen von Seelen im Laufe der Jahrhunderte Trost gespendet, sie zur Reue bewegt oder ihnen einfach Verständnis geschenkt. Das liegt nicht zuletzt daran, daß es in Ewigkeit kaum etwas Herzerwärmenderes geben kann als das Bild eines Vaters, der seinen Kittel hochrafft und mit einer Leidenschaft, die weit über bloße Vergebung hinausgeht, zum Tor hinauseilt, dem jämmerlichen Wrack entgegen, das einst sein Sohn war.

Da bleibt kein Zweifel an der Freude, mit der er einen Mantel und einen Ring anbietet, wo ein scharfes Wort und ein Hieb erwartet werden. Man stürzt zurück ins Haus, alles ist erfüllt vom Getümmel der spontan organisierten Party, und das berühmte Fest des gemästeten Kalbes beginnt. Ein Taumel von Glück und Erleichterung, dessen Jubel nicht einmal das Gemaule des pharisäischen älteren Sohnes dämpfen kann.

Die ganze Geschichte ist eine atemberaubende Offenbarung von Gottes freudiger Bereitschaft, Liebe an die Stelle der Sünde zu setzen.

„Na und?" fragen Sie jetzt vielleicht. „Das wissen wir alles." Mag sein. Aber als ich da in dem Hotelzimmer in Manchester lag, verspürte ich zunehmende Verwunderung. Woher kommt es, daß so wenige Kirchgänger diese freudige Begegnung mit Gott erlebt haben? Wo sind der Ring und der Mantel und das gemästete Kalb geblieben? Wie kommt es, daß eine Unzahl von Christen, denen ich begegne, das Gefühl haben, Gott erlaube ihnen zwar gnädig, aber doch ziemlich kühl, sich als geduldete Gäste am Rand des Königreiches herumzudrücken, statt sie mit Zuwendung und Liebesbeweisen zu überschütten?

Man gewinnt den Eindruck, Gott habe den Verlorenen Sohn wohl angenommen, aber ihn gemäß seiner Selbsteinschätzung behandelt – wie einen Tagelöhner, nicht wie einen Sohn. Was geht da schief? Versuchen wir es einmal mit der folgenden Erklärung . . .

Der Verlorene Sohn kündigt seinen Job bei den Schweinen, genau wie im Gleichnis, und macht sich auf den Weg zu seinem Vaterhaus. Er ist ziemlich nervös bei dem Gedanken, wie er dort wohl empfangen wird, aber entschlossen, trotzdem hinzugehen. Bald nachdem er seine Reise angetreten hat, hält ihn auf der Straße ein verzücktes, aber geistig verwirrtes Individuum an, das nur eine sehr konfuse Vorstellung davon hat, wie es um die Vergebung des Vaters bestellt ist.

Dieser Mensch glaubt im Grunde nicht recht daran, ist aber der Meinung, er glaube, und er ist auch der Meinung, er würde sich besser fühlen, wenn er nicht der einzige Gläubige wäre.

„Hallöchen!" begrüßt er den Büßer, der sich müde dahinschleppt. „Gute Nachricht – dir ist vergeben worden!"

„Wunderbar!" sagt der Verlorene Sohn.

„Also komm schon", sagt der Narr, und er legt dem Jungen einen imaginären Mantel um die Schultern. Er macht eine Pantomime, als steckte er ihm einen Ring an den Finger. Sie setzen sich zusammen nieder und tun so, als äßen sie ein gemästetes Kalb, wobei sie unsichtbare Messer und Gabeln benutzen.

„Ist es nicht wundervoll?" schreit der Verrückte begeistert.

„O ja!" antwortet der Verlorene Sohn, dem ein Stein vom Herzen fällt, daß ihm so schmerzlos vergeben wird: „O ja, wundervoll!"

Sie treffen sich regelmäßig zu Pantomimen. Sie bringen sogar ganz exzellente Pantomimen zustande. Schließlich bringt es der junge Mann aber fertig, eine nagende Sorge in Worte zu fassen.

„Der . . . äh, Mantel und der Ring und das Kalb, die sind aber nicht wirklich – äh, *wirklich*, oder?"

Man macht ihm heftige Vorwürfe wegen seines Mangels an Glauben. Er fühlt sich schuldig und unglücklich. Er weiß, all diese Dinge existieren nicht wirklich, und er hat auch nicht das Gefühl, daß ihm wirklich vergeben wurde. Wo ist der Vater?

Schließlich gibt er sich entweder mit einem gequälten Schattendasein ewig gleicher Wiederholungen der öden Pantomime zufrieden, oder er kehrt zu den Schweinen zurück. Oder – falls er ein kluger Junge ist – verläßt er seinen Schauspiellehrer und eilt die Straße entlang weiter, um eine wirkliche Begegnung mit seinem Vater zu riskieren, der ihn bereits ungeduldig erwartet – mit einem wirklichen Mantel, einem wirklichen Ring und einem wirklichen gemästeten Kalb.

Und wirklicher Vergebung . . .

Tod durch Schrumpfung

Der religiöse Schauspieler blüht und gedeiht überall dort, wo religiöse Aktivitäten Saft und Kraft verlieren und nur noch aus Pflichtgefühl zelebriert werden.

Jesus hatte kein Interesse daran, seine Zuhörerschaft mit Tricks zu fesseln. Er hatte es auch gar nicht nötig. Die Leute hörten ihm mit Vergnügen zu. Mit solchem Vergnügen, daß sie bei mindestens zwei Gelegenheiten vergaßen, ihr Abendbrot mitzubringen – sie hörten viel zu begeistert zu, was ihnen dieser Mann sagte und wie er es sagte. Das Essen war ihnen gleichgültig. Die Brote und die Fische kamen dennoch rechtzeitig auf den Tisch – Jesus erwies sich als überaus einfallsreich, wenn es galt, sich um scheinbar triviale und doch so wichtige Dinge zu kümmern.

Ist es albern und kurzsichtig, die Frage zu stellen, warum der Leib Christi auf Erden – die Kirche – heutzutage so wenig von dieser natürlichen Anziehungskraft ausströmt? Warum sind so viele christliche Gemeinschaften in der öden Wiederholung jener Pantomimen gefangen, die ich bereits geschildert habe? Es gibt zwar durchaus Gemeinden und Einzelpersonen, die etwas von dieser Anziehungskraft Christi an sich haben, Berühmtheiten wie Billy Graham ebenso wie völlig unbekannte Leute, beispielsweise eine kleine alte Dame in meiner Nachbarschaft. Solche Menschen faszinieren , ohne daß sie Lockmittel oder Zwang anwenden müssen, weil das Leben Christi ein untrennbarer Bestandteil ihres eigenen Lebens geworden ist. Ohne es zu merken, strahlen sie ein inneres Licht aus.

Vielleicht besteht gerade darin das Problem unserer religiösen Aktivitäten: Wir lassen zu, daß Heiliges und Profanes auf ungesunde Weise getrennt werden. Nehmen Sie zum Beispiel Bibel- und Gebetskreise. Malcolm Muggeridge hat einmal gesagt, die Kirche sei eine Erfindung der Menschen, um sich Gott vom Leibe zu halten. Das mag im großen und ganzen eine Übertreibung sein, aber man findet Beispiele dafür in vielen Hausbibelkreisen, die ich erlebt habe. Dort sind Aktivitäten wie Bibelstudium, Gebet und frommer Gesang oft tatsächlich Mauern, die errichtet werden, um den Wind des Geistes daran zu hindern, das Leben der Menschen zu durchwehen und Veränderung und Abenteuer zu bewirken. Und das spielt sich in allen kirchlichen Gruppen so ab, von den streng konservativen bis hin zu den ganz modernen.

Auch meine eigene Kirche, die Anglikanische Kirche, steht in dieser Hinsicht keineswegs makellos da. Es hat zwar in Teilen der anglikanischen Welt Erweckungen gegeben, aber wir neigen immer noch dazu, uns überaus steif zu gebärden und notwendige Veränderungen auf den Sankt-Nimmerleins-Tag zu verschieben. Da gibt es zum Beispiel bei der Abendmahlsfeier in vielen anglikanischen Gemeinschaften einen Augenblick, wo sich die Atmosphäre mit seltsamer Spannung aufzuladen beginnt – einer Spannung, die sich aus Angst und nervöser Erwartung zusammensetzt. Ein Marsmensch oder ein Baptist, der zufällig dazukäme, wäre zweifellos aufs höchste verwundert. Was liegt da in der Luft, was verursacht all die feuchtkalten Händchen, das nervöse Herumtreten von einem Fuß auf den anderen, den verkrampften Klammergriff ums Gebetbuch?

Die Antwort heißt natürlich: Die Gemeinde wird in wenigen Augenblicken aufgefordert werden, den „Friedensgruß auszutauschen". Eine Freundin erzählte mir, daß sich jeder Muskel in ihrem Körper verspannt, wenn dieser Augenblick herannaht. „Nein, ich weigere mich einfach, diesen Kerl zu umarmen", murmelt sie vor sich hin, während sie ihrem Nachbarn zur Linken einen verstohlenen Seitenblick zuwirft, „und es fällt mir nicht ein, die Person da zu küssen! Händeschütteln, ein paar hastig gemurmelte freundliche Worte, und die Sache ist erledigt – dann tue ich wieder, als läse ich angestrengt im Gebetbuch!" Mir ist durchaus klar, daß eine Menge Leute Freude am Friedensgruß haben, aber eine erschreckende Menge anderer Leute hat immer noch große Schwierigkeiten damit, aufzutauen. Gerade in religiösen Gemeinschaften sind alte Gewohnheiten nur schwer abzulegen – einschließlich schlechter alter Gewohnheiten.

Waren Sie beispielsweise jemals in einem Hauskreis oder in einer Bibelstunde, in dem es folgendermaßen zuging?

Leiter: (nervös) Also gut – hier habe ich die Fragen des Pfarrers/ Pastors/Ältesten, und wir haben soeben den Text gelesen, also – los geht's. (Liest von einem Blatt Papier ab.) Sind wir der Meinung, der Aussätzige sei, äh, erfreut, oder äh, verunsichert gewesen, als er geheilt wurde? (Kurze Pause, während alle in Haarwaschpose – Kopf gesenkt und beide Hände im Haar – versinken und ihre fünfzehn verschiedenen Bibelausgaben studieren, in der Hoffnung, die Antwort „im Wort" zu finden).

Doris: (unsicher; die Spitze des Zeigefingers markiert die Textstelle in ihrer Bibel) Äh ... ich glaube, er war erfreut.

Leiter: (nickt, ohne Zustimmung oder Ablehnung auszudrükken) Hmmm ... interessant. Äh ... Richard ... fällt dir etwas dazu ein?

(Pause)

Richard: (beugt sich mit gerunzelter Stirn über die Textstelle) Äh ... ich glaube, er war sehr erfreut.

Leiter: (nickt ein paar Sekunden lang bedächtig, als sinne er im stillen über diese Antworten nach) Okay ... in Ordnung ... nun, ich glaube, wir haben jetzt aus der Textstelle alles herausgeholt, was drinsteckt.

Die Fortsetzung eines solchen Treffens besteht dann für gewöhnlich in einer nervtötend öden Gebetszeit, in der zahllose halbherzige Bitten nutzlos gegen den stahlgepanzerten Himmel flattern und unbeantwortet zur Erde zurücktaumeln. Schließlich muß nur noch für Mrs. Bissingtons Ellbogen gebetet werden, bevor der „religiöse" Teil des Abends mit gutem Gewissen abgehakt werden kann. Zu guter Letzt meldet sich irgendein Freiwilliger mit gut entwickeltem Gemeinschaftssinn, der auch noch die Fürbitten für den Ellbogen rezitiert, das Dankgebet wird gesprochen – mit einer Inbrunst, hinter der sich hauptsächlich Erleichterung verbirgt –, und dann endlich entspannen sich alle Anwesenden in der gesegneten natürlichen Atmosphäre behaglichen Beisammenseins bei Kaffee und Kuchen. Wäre es nur möglich, etwas von der Warmherzigkeit und Lebenskraft dieses zweiten Teils des Beisammenseins in die „fromme Abteilung" hinüberzuretten! Vielleicht wäre es um das ganze Gebetstreffen besser bestellt, hätte die Gruppe sich nur gestattet, ihre geistlichen Aktivitäten aus der Beziehung zu Gott und zueinander entspringen zu lassen, anstatt sich der vagen Vorstellung hinzugeben, dergleichen sei von jeher Christenpflicht gewesen. Unglaublich viel hängt davon ab, daß der Gruppenleiter genug innere Sicherheit hat, Neuland zu betreten und zu warten und geduldige Aufbauarbeit zu leisten, und Gottes Wirken in *allem* zu erkennen, das geschieht.

Der tödliche Dumm-Dreist

Das Übel einer destruktiven und blutleeren Führung ist keineswegs auf die traditionellen Denominationen beschränkt. In Gemeinden, in denen Spontaneität aufs sorgfältigste organisiert abläuft, kann das Bedürfnis nach einer beständig möglichst hohen geistlichen Raumtemperatur allerlei höchst absonderliche Blüten treiben.

Ich habe an anderer Stelle den Gruppenleiter einer Gebetsgemeinschaft zitiert (und das Zitat ist hundertprozentig authentisch!), der, von seiner eigenen Verzückung mitgerissen, seiner Versammlung zurief, nach dem nächsten Lied wolle er einen „spontanen Beifallssturm" hören!

Solche gedankenlosen Bemerkungen entspringen häufig der Furcht, daß die Dinge geistlich nicht so „prickeln", wie man es erwarten möchte, wäre Gott wirklich gegenwärtig. Unsichere Hirten projizieren dann gelegentlich ihre Ängste auf ihre Herde. Ich kannte einen Kirchenältesten, der unweigerlich den Gottesdienst unterbrach – für gewöhnlich mitten in einem Choral – und verkündete, er verspüre einen „Geist der Schwere" im Raum, der die Leute daran hindere, aus ganzem Herzen Gott zu lobpreisen.

Sein Selbstvertrauen war erst wieder hergestellt, wenn irgend etwas spektakulär Geistliches passierte, nach Möglichkeit irgend etwas, bei dem ein bereitwilliges Individuum Tränen des Kummers, der Erleichterung oder der Reue vergoß. (In manchen frommen Kreisen sind Tränen überaus populär, vielleicht, weil der Gefühlsausbruch eines Gruppenmitglieds die emotionale Spannung bei allen anderen abbaut.) Ich will nun gewiß nicht behaupten, der Heilige Geist könne oder wolle in solchen Situationen nicht wirken, aber andere dazu herauszufordern, geistliches Getue zu produzieren, um sich selbst damit aufzubauen, ist nicht gerade übermäßig konstruktiv.

Ich habe bereits angedeutet, daß religiöse Aktivitäten wie Bibelstudium und Gebet Gott aus einer kleinen Gemeinschaft richtiggehend aussperren können. Dies geschieht vor allem dann, wenn solche Aktivitäten nicht einer echten Beziehung entspringen und der Leiter (vor allem in der Sorte Gemeinden, die ich soeben geschildert habe) nicht fähig oder nicht willens ist, eine echte Diskussion zuzulassen.

Ich möchte Ihnen beispielsweise einen Typ vorstellen, den wir Herrn Dumm-Dreist nennen wollen – kurz DD.

DD ist dazu auserwählt worden, einen Hausbibelkreis zu leiten – hauptsächlich deshalb, weil man sich bei ihm darauf verlassen kann, daß er die richtigen Dinge in vorschriftsmäßiger kanaanäischer Sprache sagt.

In der Öffentlichkeit umgibt er sich mit einer solchen Aura von Selbstvertrauen, daß manchen Leuten in seiner Gesellschaft aufs qualvollste bewußt wird, wie jämmerlich unzulänglich ihr eigenes geistliches Leben doch ist. Hochintelligente, kultivierte Menschen sind in dieser Hinsicht besonders verletzlich.

Irgendwie bringt DD es fertig, den Eindruck zu erwecken, seine glänzende Persönlichkeit sei die unmittelbare Frucht des seinem Herzen innewohnenden Heiligen Geistes, dessen Leuchtkraft durch keinerlei dunkle Schatten von Wissen und Verstandesschärfe getrübt wird.

„Meine Erkenntnis", scheint DD uns zu sagen, „ist übernatürlichen Ursprungs. Werft sie von euch, eure weltlichen Werkzeuge des Intellekts und der Phantasie, und ich will euch unterweisen!"

In Wahrheit ist DD natürlich weder so naiv noch so geistlich, wie er sich den Anschein gibt. Er hat schlicht und einfach eine Rolle entdeckt, die einige gähnende Gletscherspalten in seinem Glauben, seinem Leben und seinem Temperament aufs beste übertüncht.

Leider hat man ihm inzwischen eine leitende Stelle anvertraut und ihn als Hirten über eine Gruppe von Christen gesetzt, die weitaus mehr tatkräftige Hilfe brauchten, als er zu geben vermag. DD's Hauskreis ist folglich kein fröhliches Trüppchen. Die erbaulichen Gespräche bei den Treffen erschöpfen sich darin, daß alle im Kreis herumsitzen und sich mit Leichenbittermiene gegenseitig erzählen, wie gut Gott ist und wie erbärmlich sie alle sind.

DD mit seinem maskenhaften Lächeln und seiner dreist zur Schau getragenen Fassade von Selbstbewußtsein ist wie ein winziger Heizstrahler, an dem alle ihren gefrorenen Glauben aufzutauen hoffen.

DD behält die Oberhand mittels raffiniert inszenierter Gruppengespräche, bei denen alle Stimmen aufs sorgfältigste aufeinander abgestimmt sind. Im folgenden Beispiel hat er an die Wand hinter seinem Sessel ein großes rechteckiges Stück weißes Papier geheftet und hält einen dicken schwarzen Filzstift in der Hand.

DD: (nickt bedeutsam und lächelt jedes einzelne Gruppenmitglied verständnisvoll an) Okay! Jetzt wollen wir mal so ein richtig schönes, altmodisches Brainstorming machen. Ich habe hier eine Frage, über die wir uns Gedanken machen sollten, die Antworten schreiben wir dann hier an der Wand auf. Okay? (Die Gruppe bekundet ihr Einverständnis mit einem Geräusch, das sich wie das Muhen einer Herde gemütskranker Kühe anhört.)

DD: Okay also, hier haben wir die Frage. Wer ist Jesus? (Melancholisches Schweigen)

Fred: (mit schwacher Stimme, zutiefst überzeugt, daß er höchstwahrscheinlich etwas Falsches sagt): Äh . . . Er ist der Messias?

DD: (mit der ganzen Freundlichkeit des Guten Hirten) Ja! Okay! Er ist der Messias! (Schreibt MESSIAS in winzigen Buchstaben an den äußersten Rand des Papiers) . . . Aber – wer ist Jesus?

Mary: (nicht sonderlich hoffnungsvoll) Er ist der Erlöser.

DD: (schreibt ERLÖSER in noch viel kleineren Buchstaben an den Rand des Papiers) Hmm . . . ja, er ist der Erlöser . . . (mit tiefer, bedeutungsvoller, autoritärer Stimme): Aber . . . Wer ist Jesus?
        (Läßt leuchtende, fragende Blicke in die Runde schweifen)

Bob: (in der Hoffnung, dadurch rascher zu Kaffee und Kuchen zu kommen): Ist er der Friedefürst?

DD: (schreibt FRIEDEFÜRST in allerwinzigsten Buchstaben an den obersten Papierrand) Danke, Bob, ja, er ist der Friedefürst, aber . . . (kneift die Unterlippe zwischen die Zähne und verzieht das Gesicht zu einem Ausdruck schelmischen väterlichen Vorwurfs) . . . nun, macht schon, Leute – WER IST JESUS?

Brenda: (in der Erwartung unausweichlichen Versagens) Ist er nicht der Sohn Gottes?

DD: (entzückt und aufgeregt) Der Sohn Gottes! Jesus ist der Sohn Gottes! (Schreibt SOHN GOTTES in riesigen Buchstaben quer über das ganze Papier an der Wand) Jesus ist der Sohn Gottes! Wer ist Jesus?

(DD schwenkt die Arme wie ein Dirigent, während die Gruppe die richtige Antwort nachblökt wie eine Kindergartengruppe, die das Einmaleins lernt.)

Gruppe: Jesus-ist-der-Sohn-Gottes!

DD: Das hat uns der Herr gezeigt!

In der Volksschule nennt man so etwas „gezielte Fragestellung", und im Lauf der Lehrerausbildung wird einem dringend davon abgeraten, diese Methode anzuwenden. Warum wagt in der Kirche niemand Einspruch zu erheben?

Der tödliche Dumm-Dreist ist im Grunde nicht bösartig, sondern nur selbst irregeleitet. Aber wenn man solche dubiosen Führerpersönlichkeiten ungehindert gewähren läßt, hat das zur Folge, daß nicht wenige Menschen verletzt und verwirrt werden.

Das Beispiel, das ich genannt habe, ist natürlich eine Karikatur – aber es ist nicht allzusehr übertrieben!

Mixed Pickles in Scherben

Es ist kaum anzunehmen, daß Gemeinden, die in der Pantomime steckengeblieben sind, für die Menschen „draußen" eine besondere Anziehungskraft haben.

Vor kurzem ging ich in einen Supermarkt der „Crossroads"-Ladenkette, um ein Pfund Zucker zu kaufen. Es war einer dieser riesigen Selbstbedienungsmärkte, wo die Kunden wie in Trance, mit starrem Blick aus aufgerissenen Augen die breiten Gänge entlangeilen, während geheimnisvolle Musik in der Luft schwebt. Unheimlich – und faszinierend.

Als ich mich auf die Suche nach dem Zucker machte (Supermärkte „verstecken" den Zucker aus offenkundigen kommerziellen Gründen), fiel mir ein riesiges Schild auf, das über den Regalen hing. Die Botschaft war in großen leuchtendroten Buchstaben gedruckt. Ich las:

CROSSROADS BEGRÜSST DIE MITARBEIT DER KUNDEN. WIR WÄREN IHNEN HERZLICH DANKBAR, WENN SIE GLASBRUCH ODER VERSCHÜTTETE WARE AN DEN KASSEN MELDEN. VIELEN DANK!

Ich nahm diese Information nur am Rande zur Kenntnis, während ich trübselig im Supermarkt herumstöberte, um die bescheidene Ware ausfindig zu machen, die ich kaufen wollte. Aber kaum hatte ich den Zucker endlich entdeckt (man hatte ihn zwischen Toilettenpapierrollen und Blumendünger versteckt), kam mir plötzlich alles wieder mit strahlender Klarheit in den Sinn, denn genau zu meinen Füßen breitete sich eine gewaltige Lache verschütteter Ware aus. Ein Riesenglas Picallili-Sauce – das ist dieses gelbe, klebrige Zeugs mit kleinen Bröckchen Was-weiß-ich drin – war vom Regal gefallen und auf dem Boden aufgeplatzt wie eine riesige reife Frucht. Die Folge war eine Pfütze gelber, mit Glassplittern durchsetzter Schleim – ein ziemlich spektakulärer Anblick.

„Der rechte Zeitpunkt, mich als kooperativer Kunde zu erweisen!" sagte ich mir. „Also vorwärts, Adrian, und verdiene dir Crossroads' herzliche Dankbarkeit!"

Mein Päckchen Zucker an mich gepreßt, eilte ich entschlossen auf die Kasse zu, über der stand: „Für Kunden mit weniger als zwölf Artikeln." Ich konnte es kaum erwarten, meine Entdeckung zu melden. Müßig zählte ich inzwischen die Einkäufe, die die

Dame vor mir in ihrem Wägelchen hatte. „Eins – zwei – drei – vier –" Die Entdeckung, daß sie dreizehn Artikel eingekauft hatte, erfüllte mich mit einer ziemlich irrationalen Wut. Aus irgendeinem Grund erschien es mir in diesem Augenblick als ein geradezu todeswürdiges Verbrechen, mit dreizehn Artikeln im Einkaufswagen an der Kasse zu stehen, über der eindeutig „Zwölf Artikel oder weniger" stand. Am liebsten hätte ich der ganzen Welt lauthals mitgeteilt, in welche Abgründe der Infamie die menschliche Natur doch sinken könnte. Aber ich tat es nicht. Statt dessen gab ich mich damit zufrieden, mir die herzliche Dankbarkeit vorzustellen, mit der man meine kooperative Geste hier zur Kenntnis nehmen würde. Schließlich hatte die Verbrecherin vor mir ihre schurkischen Pläne ausgeführt, ich gelangte an die Spitze der Schlange und bezahlte bei der Kassiererin, einem Mädchen, das aussah, als hätte es gerade den neunten Geburtstag gefeiert.

Mit glatter Nonchalance in Haltung und Ausdruck machte ich mich bereit, meine kooperative Haltung zu beweisen.

„Ach, übrigens", sagte ich, „da hinten ist ein großes Glas Piccalilli zerbrochen. Ich dachte – nun, ich meinte – ich sollte es Ihnen sagen."

Wortlos, ohne eine Miene zu verziehen, drückte das Mädchen den Daumen auf den Knopf an ihrem Pult. Eine Glocke schellte irgendwo in der Ferne. Ich hatte das unbehagliche Gefühl, ich hätte plötzlich zu existieren aufgehört. Schließlich erschien ein junger Mann mit einem froschgrünen Käppi und einer Krawatte in einem ähnlichen Farbton an der Kasse, einen fragenden Ausdruck auf dem Gesicht. Er war viel älter als das Mädchen – mindestens fünfzehn, nach seinem Schnurrbart zu schließen.

„Was is'n?" fragte er.

Das Mädchen sprach. Ihre Worte schienen wie Bleiklümpchen verdrießlicher Erschöpfung aus ihrem Mund zu plumpsen.

„Kunde beschwert sich über'n zerbrochenes Glas da hinten."

Der junge Mann, offenkundig ein Meister der Sprachökonomie, stieß ein mürrisches Grunzen aus, das gleichzeitig Ärger, Ungeduld und verächtlichen Abscheu vor der ganzen widerwärtigen Gattung der „Kunden" zum Ausdruck brachte. Dann setzte er sich in Bewegung.

In den meisten Situationen dieser Art bin ich vor lauter Höflichkeit wie gelähmt. Manchmal kehrt beispielsweise unser Auto aus der Werkstatt in ebenso schlechter (oder noch schlimmerer) Verfassung zurück, in der ich es hingebracht habe, und jedesmal schwöre ich meiner Frau, daß ich denen in der Werkstatt diesmal den Marsch blasen würde.

„Diesmal", knirschte ich zwischen den Zähnen, „werde ich ihnen aber die Meinung geigen! Die werd' ich lehren, mich so über den Tisch zu ziehen!"

Flüche und Drohungen ausstoßend stürme ich zur Werkstatt hinein wie ein wütender Löwe. Kaum aber habe ich die Türe passiert, überkommt es mich, und ich verwandle mich in ein Schaf.

„Hallöchen!" blöke ich fröhlich, „das gute alte Wägelchen macht mal wieder Zicken. Ist natürlich nicht Ihre Schuld, ach wo! Ich hab mich bloß gefragt, ob ich Ihnen noch ein bißchen Geld hinlegen dürfte, damit Sie mir's wieder in Ordnung bringen. Das Leben spielt einem schon lustige Streiche, was?"

Diesmal jedoch war es anders. Ich war einfach zu sauer, um noch höflich zu sein. Ich wollte meine herzliche Dankbarkeit.

„Entschuldigen Sie!" sagte ich, während ich mich an die Fersen des froschgrünen Jünglings heftete. „Ich habe mich nicht beschwert, ich habe mich kooperativ gezeigt. Da oben steht" – und ich deutete auf das Schild –, „daß Sie allen Kunden, die Glasbruch oder verschüttete Ware zur Meldung bringen, herzlich dankbar wären. Das habe ich getan, und nichts anderes. Also? Wie wär's mit einem bißchen herzlicher Dankbarkeit?"

Er starrte mich einen Augenblick lang an und suchte offenkundig nach Worten. Wie es aussah, hatte ich eine Bresche in die Mauern seiner kleinen Welt geschlagen, die er nun verzweifelt zu verbarrikadieren suchte. Als seine Antwort dann kam, zitterte seine Stimme förmlich vor Triumph.

„Na, Sie müssen's ja schließlich nicht aufwischen, oder?"

Ich war so verblüfft über dieses Juwel absoluter Unlogik, daß mir keine Antwort mehr einfiel.

„Glasbruch und verschüttete Ware!" Der Jüngling mit der Krawatte war es, der den Schrei ausstieß, und andere nahmen ihn auf und gaben ihn weiter, bis er schwächer werdend in den Tiefen des Supermarktes verhallte. Schließlich erschien ein völlig unbedeutender Bediensteter des Ladens – vermutlich ein Student, der einen Ferienjob innehatte – mit einer Auswahl an Reinigungsutensilien und machte sich daran, das Problem aus der Welt zu schaffen, wobei er irgend etwas Ingrimmiges vor sich hinbrummelte über „Leute, die immer was zu meckern haben".

Später fragte ich mich: War die Inschrift auf dem Schild über den Regalen nun überhaupt ernst gemeint gewesen?

Wäre der Chefmanager des Supermarkts anwesend gewesen, als ich die verschüttete Ware meldete, so hätte er mir vielleicht die Hand geschüttelt und mir ganz offiziell im Namen der Geschäftsleitung für meine verdienstvolle Tat im Interesse der Öffentlichkeit gedankt. Aber er war eben nicht da, und offenkundig war auch niemand da, der in der Lage gewesen wäre, ihn würdig zu vertreten.

Ich fürchte, viele Gemeinden haben haargenau dasselbe Problem wie diese Filiale der Crossroads-Ladenkette. Das riesige Schild, das über der Kirche hängt – die Bibel –, verspricht Liebe und Heilung und Abenteuer und Wunder und neue Lebenskraft und Mitarbeit bei einer dringenden Rettungsaktion. Aber nur allzu oft ist es einfach unmöglich, Menschen zu finden, die als Beweis dafür einstehen, daß Jesus hält, was er verspricht. Er hält seine Versprechen an allen, die ihm aus ganzen Herzen nachfolgen. Wie traurig ist es doch, daß so viele Außenstehende, die sich durchs Tor einer Kirche wagen, dort mit dem kirchlichen Gegenstück zur Frage des jungen Angestellten im Supermarkt empfangen werden, nämlich einem mürrischen: „Was is'n?"

Wir sollten lieber vorsichtig sein. Unser Manager wird bei seinem nächsten Besuch ohne Vorwarnung kommen.

GLÜCKSELIGKEIT

Dürfen wir auf dauerhafte Glückseligkeit hoffen?

Ich fürchte, meiner Familie gelingt es nicht so ohne weiteres, eine Verbindung herzustellen zwischen diesem hehren Thema und dem mürrischen Einsiedler, der in seinem Wohnwagen am hintersten Ende des Gartens haust und zunehmend ungenießbarer wird, je öfter es ihm mißlingt, etwas wirklich Lustiges zu schreiben. Aus einiger Entfernung – so sagte man mir – sähe ich aus wie ein Muppet im Käfig.

Die Kluft zwischen Privatleben und öffentlichen Auftritten war schon immer ein Problem für alle Christen, die der Welt etwas zu sagen hatten.

Meine Frau Bridget beispielsweise weiß ganz genau, daß sie mit einem Durchschnittschristen verheiratet ist, dessen Job es zufällig mit sich bringt, daß er öfters im Licht der Öffentlichkeit steht, Bücher schreibt, bei Radiosendungen mitwirkt und Vorträge hält. Diejenigen unter uns, die vorne an einem Rednerpult stehen, um andere anzublöken, heben eben manchmal ein bißchen ab. Wir sind so eifrig bemüht, Gott ein gutes Zeugnis auszustellen, und wir haben so viel Angst, daß die bescheidenen Krumen unserer christlichen Alltagserfahrung nicht ausreichen werden, um damit die Vögelchen zu füttern, die mit aufgerissenen Schnäbelchen hungrig auf Nahrung warten. Also neigen wir dazu, die Wahrheit aufzublähen und merken nicht, wie leicht sie im Verlauf dieses Verfahrens hohl und gehaltlos werden kann. Mir jedenfalls geht es so, und die Versuchung schleicht sich auch jetzt an mich heran, während ich dies niederschreibe.

Gibt es für uns so etwas wie dauerhafte Glückseligkeit?

„Natürlich gibt es das!" flüstert der neurotische Berufschrist in mir. „Sag's ihnen! Sag's ihnen! Du mußt nur Jesus in dein Leben bitten, beten, die Bibel lesen, zur Kirche gehen und lieb zu deiner

Mutter sein, und du lebst glücklich bis an dein seliges Ende! Amen! Halleluja! Preist den Herrn! Jetzt mach schon – sag's ihnen!"

Aber wenn ich einen Augenblick innehalte und darüber nachdenke, dann scheint es mir, als würde ich Gott gerade dadurch verleugnen, daß ich es tue. Ich kenne viele Christen der unterschiedlichsten konfessionellen Ausprägungen, von denen jeder anders, aber jeder ein entscheidend wichtiger Teil des Leibes Christi ist; einschließlich derjenigen, die – was wohl auch auf mich zutrifft – jene „unrühmlichen Glieder" verkörpern, von denen Paulus den Korinthern schreibt.

Nun, wenn ich absolut ehrlich bin, muß ich eingestehen: Was alle diese Menschen gemeinsam haben, ist eben *nicht* Glückseligkeit. Viele von ihnen, ja der größte Teil von ihnen haben ihr Leben lang mit Verletzungen und Beziehungsproblemen und Krankheit und Zweifeln und Konflikten und persönlichem Versagen zu kämpfen, auch wenn sie die erfreulicheren Seiten des Lebens und des Glaubens durchaus genießen. Vielleicht kenne ich ja ausgerechnet die unglücklichsten Christen – aber das glaube ich eigentlich nicht. Was sie wirklich gemeinsam haben, ist, daß sie Menschen sind, die Jesus nachzufolgen versuchen.

Betrachten wir einen Augenblick lang Jesus selbst – Gott, zugleich aber auch ein Mensch, der einmal als der „Schmerzensmann" bezeichnet wurde. Es wird berichtet, daß Jesus Kummer, Zorn, Hunger und Müdigkeit erlebte und – als die Jünger es im Garten Gethsemane nicht einmal schafften, eine Stunde lang mit ihm zu wachen – tiefe Enttäuschung darüber empfand, daß sie ihn so im Stich gelassen hatten. Und dort in Gethsemane schwitzte er auch Blutstropfen, während er über die qualvolle Alternative nachgrübelte: Hier das Leben, das ihm sehr süß erscheinen mußte, dort ein grauenhafter Tod, der für ihn die unausweichliche Konsequenz des Gehorsams sein würde. Später, am Kreuz, erfuhr Jesus zum erstenmal in seinem Leben, was Verzweiflung und Verstoßensein wirklich bedeuten.

„Mein Gott, mein Gott, warum hast du mich verlassen?" Das kann man wohl kaum als den Aufschrei eines glücklichen Menschen bezeichnen.

Dem Apostel Paulus ging es um nichts besser. Im Verlauf seiner Heidenmission erlitt er Schiffbruch, wurde ins Gefängnis geworfen, hungerte, wurde ausgepeitscht, beschimpft und schließlich hingerichtet – vermutlich enthauptet von den Römern, die ihn gefangengenommen hatten. Stephanus wurde gesteinigt. Petrus wurde mit dem Kopf nach unten gekreuzigt – auf seine eigene Bitte hin. Überspringen wir die Jahrhunderte und kommen wir zu unserer eigenen Zeitepoche. Ich habe einen Freund namens Mike, einen Christen, der kürzlich zum zweiten Mal geheiratet hat. Seine erste Ehe scheiterte, vor allem deshalb, weil seine erste Frau die Unbequemlichkeiten und Anforderungen einer erfolgreichen Schauspielkarriere nicht auf sich nehmen wollte. Sie verließ ihn schließlich, und eine Weile später wurde die Ehe geschieden. Mike war nach dieser Niederlage wie am Boden zerstört, und es tröstete ihn nicht im geringsten, daß einige seiner Mitchristen keineswegs bereit waren, ihm dieselbe Verzeihung zukommen zu lassen, die Gott allen Betroffenen gnädig gewährt hatte. Er wechselte die Gemeinde, und ein paar Jahre später verliebte er sich in seine jetzige Ehefrau und heiratete sie. Kurz nach der Heirat erkrankte sie an einer chronisch fortschreitenden Form von Arthritis, so daß sie sich seither nicht mehr ohne Krücken fortbewegen kann. Auch ihren Beruf mußte sie aufgeben. Auf den ersten Blick scheint das keine sehr glückliche Lage zu sein. Ganz im Gegenteil, möchte man meinen!

Mein Freund Philip Illot, ein anglikanischer Priester, dessen Biographie ich die Ehre hatte zu schreiben, hat sein ganzes Leben lang gelitten. Durch seinen Dienst wurden Kranke geheilt und sind Wunder geschehen, erstaunliche Dinge haben sich ereignet; und doch hat er in seinem Leben eine Reihe scheußlicher Erlebnisse gehabt. Es begann damit, daß er als kleiner Junge sexuell mißbraucht wurde und bis heute an den Folgen körperlicher und emotioneller Schockerlebnisse leidet. Sein schweres Leben steht in erstaunlichem Kontrast zu der Linderung und Heilung, die er so oft bei anderen Menschen bewirkt hat.

Aber halt, bevor wir fortfahren! Ich bin überzeugt, daß gewisse

Brüder und Schwestern im Geiste – im besonderen vielleicht die Mitglieder jener rasch wachsenden Denomination der „Wahren Heiligen und Apostolischen Kirche der Überreichlichen Offenbarung der Lebenden Steine" – es nicht mehr erwarten können, mich wissen zu lassen, daß a) Jesus, Paulus, Stephanus, Petrus, mein Freund Mike und Philip Illot bestimmt auch zahlreiche glückliche Augenblicke erlebt haben und b) selbst wenn sie unglücklich waren, gleichzeitig ein Gefühl innerer Freude, die Freude im Herrn, erlebten. Diese Antwort ist eines der meistgebrauchten Klischees des christlichen Glaubens und hat, wie die meisten Klischees, ihre Wurzeln in der Wahrheit. Im Johannesevangelium werden die Worte Jesu zitiert: „Den Frieden lasse ich euch, meinen Frieden gebe ich euch. Nicht gebe ich euch, wie die Welt gibt. Euer Herz erschrecke nicht und fürchte sich nicht."

Was Jesus hier anbietet, ist der *Schalom* Gottes, jenes Gefühl von Wohlbehagen und innerer Integration, das dem Wissen entspringt, Gott zu lieben und von ihm geliebt zu werden. Diesen Frieden kann keine irdische Bitternis und kein irdisches Leiden zerstören, und, wie zahllose Leute bezeugen können, existiert er tatsächlich. Er kann uns auch tatsächlich inneren Halt geben, wenn das Leben rund um uns sich von seiner rauhesten Seite zeigt. Mit der vereinfachten, zum Klischee erstarrten Formulierung dieser grandiosen Wahrheit gibt es allerdings Probleme. Im Leben praktisch aller Christen, die ich kenne, gibt es Zeiten, wo das Leiden so schmerzlich ist oder so lange dauert, daß sie ihren inneren Frieden verlieren und sozusagen im Blindflug und mit automatischer Steuerung fliegen müssen. Ob das nun so sein *sollte* oder nicht, spielt hier keine Rolle. Es ist einfach eine Tatsache. Die Menschen haben wirkliche Probleme, und sie haben wirkliche Angst. Und in solchen Zeiten sind sie auch keineswegs glücklich.

Die Antwort auf unsere eingangs gestellte Frage nach der dauerhaften Glückseligkeit ist vielleicht leichter zu finden, wenn wir zwei andere Punkte in Betracht ziehen:

1) Warum gibt es immer noch Menschen, die Jesus nachfolgen, *trotz* Leiden und Unglück, und

2) was bedeutet es – im Idealfall –, ihm nachzufolgen?

Die Antwort auf die erste Frage müssen wir im Bereich der Beziehungen suchen. Jesus hat die Kümmernisse und Qualen der Welt nicht aus theologischer und nationaler Loyalität erlitten, nicht aufgrund irgendeiner persönlichen Philosophie darüber, was man mit Leiden alles erreichen könne, und auch nicht allein wegen der Vorteile, die sein Tod und seine Auferstehung der Menschheit einbringen würden. Nein! Er liebte seinen Vater tatsächlich so sehr, mit einer Leidenschaft, die tiefer geht, als daß wir sie verstehen könnten, daß er bereit war, gehorsam zu sein – und zwar weit, weit über den Punkt hinaus, wo Gehorsam weh zu tun beginnt. Im Herzen wußte er, daß dauerhafte Glückseligkeit darin besteht, eine Beziehung aufrechtzuerhalten, die ihm alles bedeutete.

Was seine Jünger anging, so betete er für sie: „Vater, ich bitte dich, daß auch sie, die du mir gegeben hast, bei mir sein mögen." Hier, möchte ich meinen, ist auch der Beweggrund für Paulus, Stephanus, Petrus, meinen Freund Mike und seine Frau und für Philip Illot zu finden. Sie alle waren und sind bereit, Jesus dorthin zu folgen, wo er tatsächlich zu finden ist, durch Mißerfolg, Triumph, Ekstase, Verzweiflung, Gewißheit und Zweifel hindurch. Nicht weil sie von irgendeinem nebulosen religiösen Instinkt getrieben würden, sondern weil sie aus ganzem Herzen bei ihm sein wollen, weil sie ihn lieben und von ihm fasziniert sind. Und sie wissen, daß wahre Glückseligkeit letztendlich nur bei Jesus zu finden ist.

Mein Freund Mike beispielsweise erzählt mir, daß die Krankheit seiner Frau zwar eine schwere Last für sie beide bedeutet und sie beide zuweilen tief unglücklich macht – aber ihre Beziehung zu Jesus ist von einer Art, daß Friede und Optimismus ihr ganzes Leben durchdringen. Das muß Leuten, die an ihrer Situation nur die Tragödie sehen, völlig unverständlich bleiben.

Die Antwort auf die zweite Frage: Was bedeutet Nachfolge wirklich? macht eine Unterscheidung notwendig, nämlich die Unterscheidung zwischen „tun" und „Gemeinschaft haben mit".

Was meine ich mit „tun"?

Ich fürchte sehr, die modernen Pharisäer – ebenso wie die Pharisäer der Antike – möchten uns einreden, daß die christliche Lebensauffassung etwas überaus Negatives sei, nämlich eine lange Liste von Verboten. Und Jesus machte ja unmißverständlich klar, daß Gott die Sünde haßt und alles und jedes Sündhafte absolut unakzeptabel findet. Aber Jesu Kommen in die Welt brachte die Gnade, und seither müssen wir das Problem der Sünde unter einem ganz neuen Blickwinkel betrachten.

Im 22. Kapitel des Matthäusevangeliums lesen wir, wie Jesus von den ursprünglichen Zehn Geboten die „Du sollst nicht" abhackt und nur zwei übrig läßt – die beiden, die mit den Worten beginnen: „Du sollst."

„Du sollst den Herrn, deinen Gott, lieben aus ganzer Seele, aus ganzem Herzen und mit ganzem Gemüt." Und: „Du sollst deinen Nächsten lieben wie dich selbst."

„An diesen beiden Geboten", sagt Jesus, „hängen das Gesetz und die Propheten."

Mit anderen Worten: Die „Du sollst nicht" lösen sich auf in den „Du sollst". Im selben Evangelium wird uns das Gleichnis von den Schafen und den Böcken erzählt. Die Schafe kommen in den Himmel, weil sie die Kranken und Gefangenen besucht, die Nackten bekleidet und die Hungrigen gespeist haben, nicht weil sie nicht getrunken haben oder nicht Unzucht getrieben haben oder nicht habgierig waren. Das positive Evangelium Jesu Christi sagt, daß wir gerechtfertigt werden durch unseren Glauben an ihn und daß *dieser* Glaube die Frucht bringen wird, daß wir um Gottes willen anderen Gutes tun. Beständige neurotische spirituelle und moralische Selbstanalyse ist in diesem Zusammenhang nicht angesagt. Der enge Pfad, von dem Jesus an anderer Stelle spricht, ist der Pfad der Liebe und Fürsorge – der Weg der liebenden Tat. Sünden sind die verführerischen Abzweigungen, die von diesem Pfad zur breiten Straße der Lieblosigkeit, Gleichgültigkeit und Untätigkeit führen.

Neben dem Tun steht das „Gemeinschaft haben". Wir werden Jesus erst dann nachfolgen wollen, wenn wir ihn gut genug kennen, daß uns die Nachfolge lohnenswert erscheint. Ich spreche hier vom Gebet, aber ein großer Teil dessen, was wir beten nennen, ist einfach Freundschaft, und Gott hat mehr Sehnsucht nach Freundschaft, als wir uns vorstellen können. Ich sage das, obwohl ich sehr gut weiß, wie trocken und lästig Gebet und Bibelstudium werden können. Das ist jedoch ein völlig anderes Thema, wenn auch ein sehr wichtiges.

Es gibt eine praktische Methode, wie wir diese Freundschaft mit Gott beginnen (oder von neuem aufbauen) können. Sie hat sich bei vielen Menschen bewährt.

Nehmen Sie einmal die Evangelien zur Hand – oder eines der Evangelien, zum Beispiel das des Johannes. Vergessen Sie alles (oder versuchen Sie jedenfalls, so viel wie möglich davon beiseite zu schieben), was Sie Ihrer Meinung nach alles über Jesus wußten, dann lesen Sie den Text, und finden Sie heraus, was er *wirklich* sagte und tat. Das Resultat wird Sie möglicherweise schockieren. Wenn Sie Ihre geistlichen Ohren offenhalten, werden Sie überrascht sein, wieviel Ihnen der Heilige Geist durch Ihre Entdeckungen zu sagen hat. Wenn Sie dann das Gefühl haben, daß Sie Antwort geben wollen und ein Gespräch zustande kommt – tja, dann sind Sie auch schon beim Beten!

Jemand hat einmal gesagt, wir sollten beten, als wäre unser Gebet das einzig Sinnvolle, und dann arbeiten, als wäre unsere Arbeit das einzig Sinnvolle. Für mich klingt das nach einem recht guten Rezept – solange wir noch Platz für ein paar kleine Wunder lassen.

Ich bezweifle sehr, daß die meisten von uns in dieser Welt dauerhafte Glückseligkeit finden können. Freilich gibt es diejenigen, die sich – sei es wegen ihrer persönlichen Veranlagung oder weil sie Gott besonders nahestehen – einer beständigen Zufriedenheit und inneren Friedens erfreuen. Sie sind großartige Botschafter des christlichen Glaubens. Aber ich glaube, daß es *uns allen* möglich ist – unabhängig von unserer Lebenssituation und der Entwicklungsphase, in der wir uns befinden, und inmitten all der Prüfungen und Mühsale, die uns plagen – die Freuden des Himmels zu schmekken, und daß dort im Himmel unsere Freude ungetrübt und ewiglich sein wird.

Ich muß bekennen, daß ich manchmal zutiefst niedergeschlagen bin – das entspricht meinem Temperament. Aber wenn dann jemand zu mir sagt: „Wie kannst du bloß so deprimiert sein, wenn du Christ bist? Warum pfeifst du nicht auf Jesus?", dann muß ich dieselbe Antwort geben wie die Jünger vor zweitausend Jahren, als alle bis auf einen kleinen Rest ihn verlassen hatten.

„Wohin sollte ich gehen? Er hat Worte des ewigen Lebens – und ewiger Glückseligkeit."

Joe

1989 wurden im Fußballstadion von Hillsborough fünfundneun-
zig Menschen zu Tode getrampelt – eine Katastrophe, die keiner
der Augenzeugen jemals vergessen wird. Eines der Opfer war ein
zehnjähriger Junge. Es muß wohl viele Väter wie mich gegeben haben, die an diesem schrecklichen Tag ihre zehnjährigen Söhne an-
blickten und mehr denn je begriffen, was sie an ihnen hatten.
Mein Joseph war damals zehn Jahre alt. Joe ist ein kauziger,
empfindsamer Charakter, voll komplizierter Gedanken und Gefühle und keineswegs gesprächig – es sei denn, man kommt auf ein
Thema zu sprechen, das ihn wirklich interessiert. Er neigt auch weniger zu körperlichen Liebesbezeugungen als meine anderen Kinder, aber wenn er mir die Arme um den Hals schlingt und mich auf
die Wange küßt, habe ich das Gefühl, daß mir etwas ganz Besonderes zuteil geworden – daß mir ein gewaltiges Privileg zugekom-
men ist.

Joe hat von früh bis spät nichts anderes im Kopf als Fußball. Er
spielt selbst Fußball, sieht sich jedes Spiel an und ist ein wandelndes
Fußballexikon – er weiß weit mehr darüber als ich. Er ist ein Fan
von Manchester United (vielleicht haben Sie schon von dem Team
gehört), aber das Fußballspiel an sich bedeutet ihm weit mehr als
irgendein spezielles Team. An dem Samstag, an dem es in Hillsborough zu der Tragödie kam, beteten wir am Nachmittag für alle,
die bei den schrecklichen Ausschreitungen während des Spiels zwischen Liverpool und Nottingham Forest einen Menschen verloren
hatten oder selbst verletzt worden waren. Joe sagte aus tiefstem
Herzen „Amen". Er empfand echtes Mitgefühl.

Zum zweiten: Wie meine anderen Kinder auch, hat Joe mehr als
jeder andere dazu beigetragen, daß ich meine Beziehung zu Gott

besser verstehe. Nehmen wir zum Beispiel das Problem, angeschlagene Freundschaften wieder in Ordnung zu bringen. Ich liebe Joe von ganzem Herzen, aber er kann mich wie kein anderer auf der weiten Welt zur Weißglut bringen. Ich nehme an, das liegt daran, daß er sich weder verstellen kann noch Beziehungsspielchen spielt. Er reagiert, wie ihm zumute ist, und wenn ich viel zu arbeiten hatte oder längere Zeit von zu Hause fort war, dann neigt er dazu, sich in sich selbst zurückzuziehen und mir mit ausdruckslosem Gesicht gegenüberzutreten. Dann schenkt er mir auch keine der Liebkosungen, von denen weiter oben die Rede war. Wenn ich Schuldgefühle habe, weil ich mich so sehr von Dingen beanspruchen lasse, die meiner Familie die Zeit stehlen, dann kommt es leicht vor, daß ich zornig auf dieses Benehmen reagiere. Wenn das des öfteren passiert, dann stirbt meine Beziehung – meine Freundschaft – zu Joe fast völlig ab. Sie verdorrt einfach. Und dann muß diese Freundschaft irgendwie wiederhergestellt werden. Die Frage ist nur – wie?

Nun – Joes Zuneigung läßt sich nicht mit *Dingen* erkaufen. Man könnte ihm alle möglichen Geschenke und Bestechungen anbieten, Fahrräder, Radios, Stereoplattenspieler, Fußbälle – was einem nur einfällt. Er würde sie annehmen und seine Freude daran haben, wie jeder Junge seines Alters, aber die Freundschaft würde dadurch nicht wieder heil. Das führt also zu nichts.

Ebenso vergeblich ist es, Joe ködern zu wollen, indem man seiner besonderen, eigenen Welt ein paarmal flüchtige Aufmerksamkeit zollt. Das Eis schmilzt keinen Finger breit, wenn ich mir inmitten all meiner Geschäftigkeit ein paar Sekunden Zeit nehme, um Joes Interessen gegenüber oberflächliche Anteilnahme zu demonstrieren.

Das schafft natürlich Probleme, vor allem für Leute wie mich, die unglücklicherweise dazu neigen, anderen statt mit warmherziger Anteilnahme mit manipulativen Machtansprüchen zu begegnen. Wir lernen unsere „Tricks" schon in frühester Jugend, und es kann einen ziemlichen Schock bedeuten, feststellen zu müssen, daß gerade unsere wirkungsvollsten Tricks bei Leuten wie Joe überhaupt nichts bewirken.

Nehmen wir beispielsweise das Schmollen.

Schmollen nützt nichts bei Joe. Er bemerkt es nicht. Das ist eigentlich jammerschade, denn nichts kann ich besser, als anderen Leuten Schuldgefühle zu verpassen, wenn *ich selbst* etwas vermasselt habe. Sollte das Schmollen jemals in die Liste der Olympischen Disziplinen aufgenommen werden, dann habe ich meinen Platz auf dem Siegespodest schon in der Tasche. Zum mindesten eine Gold- oder Silbermedaille müßte ich heimbringen.

Ich bin ganz besonders stolz auf einen wirklich raffinierten schaudernden Seufzer, der mich allerdings auch einige Jahre der Übung gekostet hat. Wenn ich den zum richtigen Zeitpunkt einsetze, kann ich meine Frau derartig aus dem Gleichgewicht bringen, daß sie sich allen Ernstes für etwas entschuldigt, das *ich* getan habe. Dieser Seufzer deutet eine unauslotbar tiefe Verletzung an oder das heimliche Wissen um drohendes Unheil, das um anderer willen tapfer ertragen wird. Ich habe bereits mit dem Gedanken gespielt, mir den Effekt patentieren zu lassen und andere in seinem Gebrauch zu unterrichten. Ich könnte beispielsweise Fernlehrkurse anbieten. Mein Trick ist einfach fabelhaft wirkungsvoll, aber er funktioniert leider nur bei bestimmten Personen, und Joe gehört ganz eindeutig nicht zu diesem Kreis.

Zorn ist ebenfalls Zeitverschwendung. Ich werde damit zwar die Spannung los, die sich in mir aufgestaut hat, aber mein Zorn hat keine greifbare Wirkung auf Joe – er zieht sich einfach noch tiefer in sich selbst zurück, und die Situation ist nachher womöglich noch schlimmer.

Es gibt nur einen einzigen Weg, die Freundschaft mit Joe wiederherzustellen. Ich weiß es, denn ich habe es inzwischen schon ein paarmal geschafft. Man muß sich ins Zentrum seiner Welt hineinbegeben und es sich zur Aufgabe machen, ihm den Löwenanteil seiner Zeit zu widmen: Man muß sich ernsthaft für seine Interessen begeistern und ihm beweisen, wie sehr man ihn schätzt, indem man über eine beträchtliche Zeitspanne hinweg keine Ablenkungen zuläßt.

In der Praxis sieht das im allgemeinen so aus: Wir verbringen einen gemeinsamen Sonntag in der Stadt – in unserem Fall ist das

Eastbourne –, essen in irgendeinem Restaurant zu Mittag, machen gemeinsam einen Schaufensterbummel, kaufen ein oder zwei Kleinigkeiten und *sprechen uns gründlich aus* miteinander; Joe plappert wie ein Wasserfall, wenn man mit ihm alleine ausgeht. Es kommt einfach darauf an, auf einer realen Ebene Gemeinschaft zu haben, einander wirklich zu begegnen. Ein solcher Tag genügt im allgemeinen, um die Dinge wieder ins rechte Lot zu bringen. Danach muß ich dann nur dafür sorgen, daß wir regelmäßig echten Kontakt miteinander haben.

Vor kurzem ist mir aufgefallen, daß meine Beziehung zu Gott sehr ähnliche Züge aufweist. Es hat keinen Sinn, herumzumaulen, daß ich mich von ihm getrennt fühle, wenn ich nicht den Großteil meiner Zeit mit ihm verbringe; mit ihm rede, ihm zuhöre, ihm zeige, daß ich ihn genug liebe, um mich wirklich auf ihn einzulassen. Man kann Gottes Freundschaft nicht mit guten Werken erkaufen. Oberflächlichkeit, Schmollen und Zorn sind sinnlos. Gott ist genau wie Joe. Er möchte, daß wir beide echte Freunde sind. Das kann mich teuer zu stehen kommen (genau wie bei Joe), und es gelingt mir auch keineswegs immer, aber ich kann Ihnen sagen – es ist das einzig Wahre!

Ein professionelles Foul

Es scheint heutzutage Mode zu sein, die Mythen hochgehen zu lassen, die sich um berühmte Ereignisse und Menschen in der Vergangenheit oder Gegenwart, Lebende oder Tote, gebildet haben. Sie wissen doch, was ich meine, nicht wahr?

Die berühmte Schießerei im O. K. Corral wurde mit Kapselrevolvern ausgefochten.

Dschingis Khan war ein sanfter, häuslicher Typ mit einem Hang zur Sozialarbeit.

Der Heilige Franz von Assisi nutzte seine Macht über die Vögel und Fische regelmäßig dazu, sich die nötigen Zutaten für Taubenpastete und Fischsuppe zu beschaffen.

Es wird bestimmt nicht mehr lange dauern, bis uns die Gelehrten enthüllen, daß Winston Churchill ein deutscher Spion war, Kolumbus unter Platzangst litt, Florence Nightingale eine notorische Giftmischerin war, und die Morde, die man Jack the Ripper zuschreibt, in Wirklichkeit von Queen Victoria begangen wurden, die zu diesem finsteren Zweck auf Stelzen und mit einem Strickbeutel voll Metzgermesser im East End herumschlich.

Menschen, die in der Öffentlichkeit stehen, werden von den Medien unserer Zeit auf eine Weise beobachtet und durchleuchtet, die früher unmöglich war. Vielleicht hat die Erkenntnis, daß fast alle Idole auf tönernen Füßen stehen, eine Art kollektiven Groll in uns entfacht. Wenn wir die Helden, die wir uns ersehnen, nicht kriegen können, dann hauen wir eben auch diejenigen in die Pfanne, die die einfältigen Generationen vor uns in den Himmel erhoben!

Dennoch haben wir uns einen kleinen Vorrat an modernen Helden bewahrt, und wir geraten – vielleicht, weil sie so wenige sind – in helle Aufregung, wenn sich herausstellt, daß unser Respekt oder unsere Bewunderung fehl am Platz war.

Nehmen wir einmal den Fall eines gewissen Profi-Fußballers. Er war ein berühmtes Mitglied des Teams von Manchester United und stand gleichzeitig im Ruf, ein wirklicher Gentleman des runden Leders zu sein. Seine Laufbahn wies nicht den winzigsten Makel auf. Niemals war er vom Feld geschickt worden oder hatte sich wie ein Rowdy benommen. Man zollte ihm allseits Respekt. Dann widmete eines Morgens eine vielgelesene Tageszeitung den Großteil ihrer letzten Seite einer öffentlichen Äußerung eben dieses Fußballers. Darin bekannte er ganz offen, daß er gelegentlich, wenn er keine andere Möglichkeit mehr gesehen hatte, einen gegnerischen Spieler zu stoppen, ohne zu zögern von einem „professionellen Foul" (wie man es beschönigend nennt) Gebrauch gemacht hatte. (Ein professionelles Foul ist eines, bei dem ein vorbedachtes illegales Verhalten so geschickt verschleiert wird, daß es makellos erscheint.)

Dieses ehrliche Eingeständnis rief eine überaus heftige Reaktion hervor, und zwar nicht nur bei den Fußballverbänden, sondern auch beim Mann von der Straße. Die Leute wollen ihre Helden unbefleckt sehen. Das ist natürlich einem menschlichen Wesen gegenüber höchst unfair – makellose Leute sind ziemlich dünn gesät.

Ich fuhr zufällig gerade mit dem Zug von London nach Polegate, als mir diese „unglaublich schockierende Enthüllung" vor Augen kam. Nachdem ich den Artikel fertiggelesen hatte, faltete ich meine Zeitung zusammen, legte sie auf den Sitz neben mir und starrte gedankenverloren aus dem Fenster.

Ich fragte mich: Einmal abgesehen davon, was in dem speziellen Fall des Fußballspielers recht und unrecht, falsch und richtig war – welche „professionellen Fouls" wandte ich in meinem eigenen Leben an? Wie würde sich das Bild, das andere Leute sich von mir machten, wohl ändern, wenn ich einmal so ehrlich aus dem Nähkästchen plauderte wie dieser Fußballer da?

Es wäre wohl nicht angebracht, hier einige der garstigen kleinen Kniffe zu schildern, die ich einst so erfolgreich als Tugend ausgegeben hatte, nun aber als Laster erkannte. Ich will nicht sagen, es hätte keine gegeben. Leider gab es nur allzu viele davon! Dennoch: Als ich im Bahnhof Polegate den Zug verließ, hatte ich den Eindruck, daß ich in meinem Leben noch kein *absolut passendes* Gegenstück zum professionellen Foul im Fußball entdeckt hatte.

In Gedanken noch ganz bei diesem Thema, trat ich auf den

Vorplatz des Bahnhofs hinaus. Ich hatte vor, eines der Taxis zu nehmen, die dort für gewöhnlich in langer Reihe auf Kunden warteten, wenn der Zug einfuhr. Diesmal war jedoch nur ein einziges Taxi da. Es stand etwa fünfzig Meter entfernt bei dem Schild TAXI. Zwischen mir und dem Schild befand sich nur eine einzige Person – eine ältere Dame, die sich, auf einen Stock gestützt, schneckenhaft langsam in dieselbe Richtung bewegte wie ich.

Irgendwie *wußte* ich, daß diese alte Dame auf das einsame Taxi zustrebte, aber im selben Augenblick faßte ich den Entschluß: Ich würde einfach so tun – vor mir selbst und vor ihr und Gott und jedem, den es interessieren mochte –, als hätte ich keine Ahnung davon. Schließlich war es ja auch durchaus möglich, daß sie auf den Parkplatz zu ihrem eigenen Wagen wollte, nicht wahr? Woher sollte ich wissen, was sie vorhatte? Ich war ja schließlich kein Hellseher, oder?

Ich überholte mit forschem Schritt meine tattrig dahintappende Mitbewerberin, erreichte das Taxi und legte die Hand auf den Türgriff. Da meinte ich plötzlich im tiefsten Herzen zu sehen, wie mir eine himmlische Gelbe Karte gezeigt wurde.

Ein professionelles Foul! Ich hatte mit Absicht und Vorbedacht geplant, etwas Selbstsüchtiges und Hinterlistiges zu tun. Es ging gar nicht darum, vor der Öffentlichkeit mit weißer Weste dazustehen. Ich nahm die Hand vom Türgriff. Ich wartete, bis die alte Dame den Wagen erreicht hatte, und half ihr beim Einsteigen. Kaum hatte ich die Türe geschlossen, fuhr auch schon ein weiterer Wagen auf den Vorplatz und drehte eine Runde um den kreisförmigen Platz, bevor er vor dem Schild TAXI anhielt. Dankbar ließ ich mich in den Beifahrersitz fallen und war gleich darauf in Richtung Heimat unterwegs.

Wie war das nun? Hatte die Affäre mit der alten Dame und dem Taxi letztlich gar keine Bedeutung gehabt? Ich sann darüber nach, während wir die A-22 in Richtung Hailsham entlangbrausten.

Natürlich hatte sie eine Bedeutung gehabt. Je mehr ich über den kleinen Zwischenfall nachdachte, desto bedeutsamer erschien er mir. Er hatte mich gezwungen, mich selbst zu fragen, wie oft ich dieses Spielchen doppelter Moral schon getrieben hatte. Und was vielleicht das Wichtigste war: Ich erkannte, daß mein Gefühl für Gottes Gegenwart in meinem Leben noch zu schwach war, mich daran zu hindern, jene innerlichen Sünden zu begehen, die das Gegenstück zum professionellen Foul sind. Hatte ich allen Ernstes gedacht, Gott würde sich von meiner öffentlichen Pose so leicht täuschen lassen wie jene Menschen, die nicht in meinen Kopf hineinschauen konnten?

Ich beginne zu erkennen, daß Offenheit Gott und Menschen gegenüber kein fakultatives Extra des Glaubens ist, das man nach Belieben akzeptieren oder ignorieren könnte. Es ist besser, man kommt mit Gott und sich selbst ins reine und gibt zu: Gott ist vollkommen, aber ich bin es nicht. Ich jedenfalls werde alles daransetzen, meinen eigenen Mythos zu zerstören, bevor irgend jemand anderer für mein Spiel den Schlußpfiff ertönen läßt.

KRITIK

Ich bin erst einmal in meinem Leben einem Prediger ins Wort gefallen. Ich würde auch niemand anderem empfehlen oder anraten, kurzerhand eine Predigt zu unterbrechen, aber vielleicht sollte es doch etwas öfter geschehen. In dem eben erwähnten Fall sprach der Redner darüber, wie es um die persönlichen finanziellen Angelegenheiten eines Christen bestellt sein sollte und vor allem, wie man es mit Leasingverträgen und Ratenkäufen zu halten habe. Das paßt natürlich zu der gegenwärtigen Mode, jedes Winkelchen des sogenannten „christlichen Lebens" fein säuberlich in Ordnung zu bringen. Ich habe zwar noch keine Taschenbücher gesehen mit Titeln wie „Die Klospülung aus christlicher Sicht" oder „Bleistiftspitzen im Geiste", aber ich zweifle nicht, daß sie in eben diesem Augenblick auf den Markt kommen.

Diesmal sezierte der Redner das zur Zeit beliebteste System, Haushaltswaren und persönliche Güter anzuschaffen. Im allgemeinen, sagte er, sei es am besten, wenn Christen solchen Transaktionen überhaupt aus dem Wege gingen. Schulden seien Schulden, ob sie nun formell organisiert seien oder nicht. Viel besser, fügte er hinzu, sei es, nur zu kaufen, was man sich auch leisten könnte, und nur Geld auszugeben, das man tatsächlich besitze.

Ich spürte, wie sich bei diesen Worten der Schatten der Schuld auf meine Freundin Brenda senkte, die neben mir in der Kirchenbank saß. Ich kannte sie sehr gut. Sie wohnte ganz in der Nähe in einem städtischen Wohnhaus, das fast ausschließlich mit auf Raten gekauften Waren eingerichtet und ausgestattet war. Ich wußte mit Sicherheit, daß sie ihre Waschmaschine und ihren Kochherd abstotterte. Ich konnte beinahe die Registrierkasse in ihrem Kopf rasseln hören, als sie die Summe ihrer Schulden zusammenzählte. Sie legte eine Hand auf meinen Arm und neigte sich zu meinem Ohr.

„Adrian", flüsterte sie, „ich habe fast dreihundert Pfund Schulden für all meinen Kram!"

Bei Brenda braucht es nur einen winzigen Schubs, und schon fällt sie in den schwarzen Abgrund der Schuld. Vor Jahren hat sie einen völligen Zusammenbruch ihres Selbstwertgefühls erlebt, und es war ein langer, langsamer Prozeß, bis ihr Selbstvertrauen einigermaßen wiederhergestellt war. Gott ist am Werk, aber ich glaube nicht, daß er in dieser Welt noch damit fertig wird. Ein Gedanke schoß mir durch den Kopf. Ich hob rasch den Arm, bevor mich der Mut verließ.

„Entschuldigen Sie – tut mir leid, wenn ich unterbreche –, aber Sie sagten noch kein Wort von Hypotheken. Ich meine – Sie haben doch bestimmt eine Hypothek auf Ihrem Haus, nicht wahr? Und ich ebenfalls. Wir beide zusammen schulden der Bank ein paar tausend Pfund, nicht wahr? Das Ganze ist doch nichts anderes als ein riesiges Ratenkaufsystem, nur daß es einen feineren Namen hat. Meinen Sie nicht auch?"

Hypotheken, gab man mir jedoch zu verstehen, seien „etwas anderes". Nun ja – auch recht. Ich spürte, wie sich der Schatten über Brenda verflüchtigte. *Sie* hatte verstanden, was gemeint war.

Aber warum zählen Hypotheken nicht? Warum fällt es manchen Leuten so leicht, das Korrekturbedürftige im Leben anderer Menschen zu erkennen und dabei die Augen vor ganz ähnlichen Problemen in ihrem eigenen Leben zu verschließen? In dem Fall, den ich soeben erwähnt habe, hat es vermutlich mit einer Illusion zu tun, mit der der Teufel die Kirche schon oft mit Blindheit geschlagen hat: nämlich mit dem Trugschluß, daß ein überaus ordentliches und materiell erfolgreiches Leben ein Zeichen für geistliche Zuverlässigkeit sei. Es ist interessant zu bemerken, wie leicht die gesellschaftlich und finanziell Schlechtergestellten zu Opfern einer merkwürdig aggressiven Form (sogenannter) Seelsorge von seiten gewisser „erfolgreicher" Christen werden.

Noch weiter verbreitet ist jene Form des modernen Pharisäertums, bei dem sich Christen auf hinreichend „öffentliche" Sünden wie das Rauchen und Trinken stürzen, ihrer eigenen Unfähigkeit zum Trotz, weniger öffentliche Laster und Sünden an sich selbst zu entdecken. (Ich beeile mich hinzuzufügen, daß ich Rauchen und Trinken als solches nicht als Sünden betrachte.) Gelegentlich kann der Moralapostel dabei allerdings schlimm ins Schleudern geraten, wie es beispielsweise der Fall war, als ein zufällig anwesender Herr einem Freund von mir sein Pfeiferauchen zum Vorwurf machte.

„Ich wundere mich sehr über Sie!" sagte er. „Ein Christ wie Sie und eine so schmutzige Angewohnheit!"

Nun besitzt mein Freund tatsächlich die Gabe der Erkenntnis – nicht die allgemein gebräuchliche Variante, bei der man im altertümlichen Englisch des 16. Jahrhunderts vage Tröstungen von sich gibt; sondern einen besonderen, bedeutungsvollen, manchmal beunruhigend präzisen Einblick in Unsichtbares. Er warf dem Mann, der ihn angesprochen hatte, einen scharfen Blick zu.

„Nun", antwortete er ruhig, „Rauchen ist immer noch um vieles besser als *Ihre* schmutzige Angewohnheit."

Der Kritiker wurde rot bis unter die Haarwurzeln und empfahl sich in aller Eile. Mein Freund selbst hatte nicht die leiseste Ahnung davon, worum es sich bei der „schmutzigen Angewohnheit" des anderen handeln mochte, aber es war offenkundig, daß der Heilige Geist den Nagel auf den Kopf getroffen hatte.

Ich selbst habe es bislang auf jede erdenkliche Art fertiggebracht, den Splitter im Auge des Bruders zu sehen. Meine Spezialität jedoch ist der sogenannte „Geistliche Dreischritt". Dabei tut man einen Schritt vorwärts und zwei zurück. Die Tanzschritte sehen etwa folgendermaßen aus:

Eine lange Zeit hindurch – Tage oder Wochen oder Monate, manchmal sogar Jahre – kämpfe ich damit, daß ich mich geistlich „in der Wüste" befinde, mache mir Sorgen deswegen oder versuche damit zu leben. Dann überwinde ich eines Tages meine chronische Durststrecke, sei es durch Gebet, durch guten Rat, durch etwas, das ich gelesen habe, oder einfach, weil ich ein wenig reifer geworden bin. Ich entdecke – zu meiner ungeheuren Erleichterung –, daß ich tatsächlich ein wenig von der Freude und dem Frieden empfinde, die Christen angeblich tagein, tagaus empfinden. Eine Weile lang fühle ich nichts weiter als eine tiefe und ehrliche Dankbarkeit, daß Gott mich aus der grausigen Grube gerettet und meine Füße auf einen Felsen gestellt hat. Das ist der eine Schritt vorwärts.

Als nächstes passiert jedoch dann folgendes: Ich empfinde ein brennendes Verlangen danach, der Welt kundzutun, daß ich „mit dem Herrn in Ordnung bin". Ich beginne, anderen Leuten (geduldig, aber hartnäckig) klarzumachen, daß auch sie „mit dem Herrn in Ordnung kommen müssen". Ich vermeide es, die Tatsache zu erwähnen, daß ich eben erst Frieden gefunden habe. Statt dessen gebe ich den anderen zu verstehen, daß eine gesunde Spiritualität mein üblicher Zustand ist. Wie ich das mache? Ich setze ein verqueres Lächeln auf und bediene mich eines Gehabes, das besagt „Ich bin nicht von dieser Welt". Das sind die beiden Schritte rückwärts.

In meinem alten umnachteten Zustand mag ich schlapp wie ein nasser Lumpen gewesen sein, aber wenigstens war ich als menschliches Wesen erkennbar. Nun aber bin ich das bedrückendste Wesen, das man sich vorstellen kann. Ich bin ein Christ, der im „Hoch" ebenso wenig kommunikationsfähig ist, wie er im „Tief" am Leben teilhaben kann. Betet für Christen wie uns, deren Leben nach diesem manisch-depressiven Muster verläuft! Wir brauchen es! Wir halten anderen unablässig Vorträge über Sünden und Schwächen, die wir selbst nur allzu gut kennen. Diese Neigung hat ihre Ursachen zwar weitaus mehr in psychischen Strukturen als im geistlichen Bereich, aber sie kann sich überaus zerstörerisch auswirken.

Warum fällt es uns Christen zuweilen so leicht, einander zu kritisieren und zu verdammen? Oft ist diese Haltung das Ergebnis von Furcht und Unsicherheit. Wenn man Kinder sich selbst überläßt – in einer Situation, in der normalerweise ein Erwachsener die Verantwortung haben sollte –, dann neigen sie dazu, einander Regeln und Vorschriften aufzuerlegen, die weitaus härter und starrer sind als die Regeln der Erwachsenen. Wo es grundsätzlich an Glauben fehlt, geschieht das ebenso in christlichen Familien und Gemeinden. Gruppen neigen dazu, eine starre Struktur von Geboten und Verboten zu errichten, um sich vor den Unwägbarkeiten und Risiken zu schützen, die jeder Kontakt mit der wirklichen Welt mit sich bringt. Jeder, der auch nur eine einzige Regel bricht, gefährdet die Sicherheit der Gruppe und muß daher gemaßregelt oder überhaupt ausgestoßen werden.

Das ist verständlich, aber es hat nur sehr wenig mit der idealen Perspektive zu tun, die Jesus gelehrt hat. Er selbst war ein völlig in sich ruhender und innerlich freier Mensch, hundertprozentig gegen die Sünde und hundertprozentig *für* jene sündigen einzelnen, denen gegenüber er so zartfühlend und vergebungsbereit war. Sein heftiger Zorn galt den Heuchlern – den Kirchenführern, die andere mit endlosen Regeln und Vorschriften belasteten und nichts dazu taten, ihnen diese Bürde zu erleichtern. Die Christen, die ich kenne, diejenigen, die wirklich mit dem Herrn gehen, bedrücken mich nicht. Sie geben mir das Gefühl, ich könnte wirklich ein guter Mensch sein. Ihre innerliche Weite und ihre positive Lebenseinstellung haben eine schöpferische, das Leben verändernde Kraft. Sie sind wie Jesus.

Wir sind nicht dazu berufen, engstirnige Sittenwächter eines komplexen Systems von Gesetzen zu sein. Wir sind dazu berufen, das Gesetz zu *tun*. Es ist leichter, Sünden abzulegen, als sich gegen sie zu schützen. Vielleicht sollten sich unsere Kirchen mit kühnerem Mut dem Heiligen Geist und der Welt um uns öffnen. Wir würden dann entdecken, daß ein Abenteuer mit Gott auf uns wartet, das weitaus aufregender ist als jede Sünde, und tausendmal nützlicher als das Schnüffeln nach Sünden bei unseren Brüdern und Schwestern. Gott wird zu seiner Zeit uns alle richten. Suchen wir das Beste im anderen, und laßt uns die Verbreitung des Reiches Gottes nicht dadurch behindern, daß wir uns eigensinnig auf das Büchlein mit den Dienstvorschriften berufen. Wir sind nur dann wirklich sicher, wenn wir loslassen können. Die Sünde nur zu vermeiden – das mag Sicherheit geben, aber es macht unfruchtbar. Nur dort, wo eine *überschwengliche Güte* mit der Moral Hand in Hand geht (oder Moral erst ermöglicht), kann unser Glaube die Welt verändern.

Sie rauchen nicht,
aber sie atmen auch nicht in tiefen Zügen die frische Luft ein,
sie trinken keinen Wein,
aber sie finden auch keinen Geschmack an der Milch;
sie fluchen nicht,
aber sie rühmen auch nicht in gewaltigen Worten,
weder Gedicht noch Gebet;
sie spielen nicht,
aber sie setzen auch nicht ihr Vermögen auf Gott;
sie mustern Mädchen und Frauen nicht mit lüsternen Augen,
aber sie sind niemals außer Atem vor Liebe und Lachen,
sie spielen niemals nackt unter der Sonne des Hochsommers;
es ist alles recht bleich und verwachsen;
der große Fürst liegt im Gefängnis.

(George Target)

GESTÄNDNISSE

Du sollst nicht lauschen

Dieses Buch wäre wohl nicht wirklich vollständig ohne zumindest einige zutiefst zerknirschte Geständnisse. Nun, hier haben Sie eines, und ich hoffe, es macht Ihnen Spaß.

Ich bin ein unverbesserlicher Lauscher. Nicht nur deshalb, weil ich Schriftsteller und ständig auf der Suche nach Material bin (eine fabelhaft glattzüngige Entschuldigung, finden Sie nicht?), sondern auch, weil es mich wirklich fasziniert, wirklichen Gesprächen zwischen wirklichen Leuten in ganz alltäglichen Situationen zuzuhören.

Seit Jahren habe ich bei jeder Gelegenheit und unter allen nur denkbaren Umständen geschnüffelt und gelauscht. Ich bin jener gutaussehende – naja, schon recht, also jener ganz alltäglich aussehende (wenn Sie so langweilig pingelig sein müssen) – Mann mit dem Bart, der völlig in seine Zeitung vertieft scheint, während er eine Sitzreihe vor Ihnen im Bus sitzt.

Keine Sorge – Sie können ruhig auch weiterhin Ihrem Partner mit zischender Stimme Vorwürfe zuflüstern. Ich höre nicht zu. Will sagen, Sie kämen nie auf die Idee, daß ich zuhöre. In Wirklichkeit höre ich jedes erboste Wort, das Sie und Ihr Partner einander an den Kopf werfen. Sobald Sie ein paar Minuten später ausgestiegen sind, mache ich mir vielleicht sogar ein paar Notizen auf einem alten Briefumschlag.

Aus einem einzigen ordentlichen Ehekrach könnte ich ein ganzes Kapitel in meinem übernächsten Buch machen – falls es mir gelingt, meine paar Notizen so aufzuplustern, daß sie fünftausend Worte ergeben, und falls ich die ganze Geschichte nach Rußland verlege und es so hindrehe, als hinge das Schicksal der westlichen Welt davon ab, wie Ihr Ehekrach ausgeht.

86

Sie sollten sich eigentlich geehrt fühlen, möchte man meinen –
vor allem, wenn man bedenkt, daß es bei Ihrem Streit ursprünglich
darum ging, ob der Hund sein Futter bekommen hat oder nicht,
bevor Sie das Haus verließen.

Ist Lauschen eine Sünde? Ehrlich gesagt – ich weiß es nicht.

„Du sollst nicht lauschen."

Klingt irgendwie komisch, nicht wahr? Aber bevor nicht ein
Blitz vom Himmel fällt und mich absolut überzeugt, werde ich
mich nicht davon abhalten lassen, bei jeder Gelegenheit die Ohren
nach hinten zu klappen. Ich meine – ich kann's ja im nachhinein
bereuen, wenn es unbedingt sein muß, nicht wahr?

Ehrlich gesagt – das meiste, was man so hört, ist nicht besonders
dramatisch. Diskussionen, Streit, Witze, Klatsch und Tratsch –
alles sehr interessant. Aber es fehlt doch der richtige Thrillereffekt,
wenn Sie wissen, was ich meine. Daher erschien es mir auch so außergewöhnlich, als ich eines Tages in einem Bahnhofscafé einen
Gesprächsfetzen hörte, bei dem es mir eiskalt durch Mark und

Bein rann. Noch lange, nachdem der ursprüngliche Eindruck verblaßt war, fühlte ich mich richtiggehend verstört.

Wann sich die Sache ereignete, ist nicht so wichtig, davon abgesehen, daß zu eben dieser Zeit die Zeitungen und die Nachrichtensendungen im Fernsehen voll von Berichten über Ausschreitungen von Fußballfans in England selbst und im Ausland gewesen waren. Die beiden Personen der Handlung waren durchaus alltägliche Typen. Eine davon war das Mädchen, das im Bahnhofscafé hinter der Theke stand, die andere ein junger Angestellter der Britischen Eisenbahnen. Er war vielleicht neunzehn oder zwanzig. Beide hatten absolut nichts Ungewöhnliches an sich.

Offenbar kannten sie einander seit längerem. Da ich diesmal ausnahmsweise wirklich in meine Zeitung vertieft war, entging mir der Anfang des Gesprächs, aber was ich dann hörte, war:

„Wohnst du noch immer in deiner alten Wohnung, Gary?"

„Ja, aber ich werd' demnächst umziehen."

„Ach? Wohin denn?"

„Ich zieh mit'm Kumpel zusammen, am anderen Ende der Stadt."

„Und warum, Gary?"

„'s ist einfach besser dort. Dort gibt's öfter Stunk."

Diese letzte, atemberaubende Aussage gab er in haargenau demselben Tonfall von sich, in dem andere Leute über bessere Wohnqualität oder bessere Freizeitmöglichkeiten reden.

Es erschien mir wie eine moderne, aber nicht weniger groteske Variante des alten Mythos vom Werwolf. Dieser junge Mann namens Gary war tagsüber ein harmloser – und wahrscheinlich sehr hilfsbereiter – Angestellter der Britischen Eisenbahnen, aber nachts streifte er durch die finsteren Straßen, auf der Suche nach „Stunk".

Wo das Böse tiefe Wurzeln hat, wo es kompromißlos und hartnäckig ist, ist es irgendwie leichter, ihm ins Auge zu blicken und zu bekämpfen. Im Fall von Gary und seinen Spießgesellen hatten Gewalttätigkeiten jedoch den Status durchaus legitimer Freizeitgestaltung erlangt – wenn auch im Rahmen einer sozialen Randgruppe –, und so konnten sie davon ganz beiläufig sprechen und sie als erfreuliches Charakteristikum des zukünftigen Wohnorts erwähnen. Wenn die Dinge so liegen, ist es schwierig, festzulegen, wo der wirkliche geistliche Kampfschauplatz liegt.

Mir scheint, daß das einer der erfolgreichsten Tricks des Teufels in unserer Zeit ist. Wenn schwarz und weiß, gut und böse, recht und unrecht verschwommen und verwirrt sind, dann kann uns das in einen Zustand geistlicher Lähmung versetzen, in dem wir von dem unbestimmten Gefühl beherrscht werden, es sei besser, gar nichts als das Falsche zu tun.

Deshalb müssen wir heutzutage mehr denn je darauf achten, daß wir uns dicht an Gott halten, daß wir nach *seiner* Weisheit fragen und die Ohren weit offenhalten. Manchmal hängt alles davon ab, daß wir willens sind zu *hören*.

Vor einiger Zeit erzählte mir ein Freund eine Geschichte. Ein Mädchen, das eine alte Dame seelsorgerlich betreute, merkte plötzlich, wie ihr die Worte „Gott haßt Mama und Papa" in den Sinn kamen. Sie war klug genug, mit dieser merkwürdigen Information nicht sofort herauszuplatzen. „Worte, die der Herr uns schenkt", erweisen sich nur allzu leicht als Ausdruck unbewußter Wünsche oder Produkte einer leicht erregbaren Phantasie. Sie wissen schon, was ich meine:

„Da ward mir die Vision einer Bratpfanne geschenkt, und in der Pfanne erschien ein Spiegelei von der Gestalt der Insel Grönland, und siehe, das Spiegelei sprach zu mir . . . usw."

Man muß da wirklich sehr vorsichtig sein. Das Mädchen, von dem hier die Rede ist, erzählte einer Freundin, die sie respektierte und der sie vertraute, von ihrer Eingebung, und die beiden beteten zusammen. Sie kamen zu dem Schluß, die Botschaft müsse tatsächlich von Gott gesandt sein. Innerlich zitternd, kehrte die junge Seelsorgerin zu der alten Dame zurück, der sie zu helfen versucht hatte, und wiederholte ihr den Satz, der ihr in den Sinn gekommen war. Zu ihrer Bestürzung brach die alte Frau in Tränen aus. Als sie sich wieder erholt hatte, berichtete sie: Als junges Mädchen war sie wiederholt von ihrem Onkel sexuell mißbraucht worden. Seine verhaßten Annäherungen hatte er immer mit den Worten eingeleitet: „Komm, wir wollen Mama und Papa spielen . . ."

Nach all den Jahren hatte der Heilige Geist schließlich jemand gefunden, deren Ohren weit offen waren, eine Frau, die imstande war, die Zuwendung Gottes in ein Leben zu bringen, das durch vergangene Verletzungen verkrüppelt war.

Es lohnt sich immer, hinzuhören, wenn der Heilige Geist uns etwas sagen will. Ihn stört es absolut nicht, wenn wir lauschen.

Politische Reue

Noch ein weiteres Geständnis muß ich ablegen.

Ich bin nie politisch interessiert gewesen, und ich bereue es.

Meine Eltern pflegten immer die Liberalen zu wählen, sofern sie überhaupt wählten, aber ich habe sie im Verdacht, daß ihr politisches Verständnis ziemlich begrenzt war. Ich erinnere mich noch, daß ich sie fragte, was eigentlich der Unterschied zwischen den drei wichtigsten Parteien sei. Sie antworteten mir, die Konservativen wollten alles so belassen, wie es zur Zeit sei, die Labour-Partei wolle die reichen Leute abschaffen, und die Liberalen wollten es allen recht machen.

Das mag durchaus eine tiefgründigere politische Analyse sein, als man auf den ersten Blick glauben möchte. Damals allerdings war sie nicht geeignet, in mir ein brennendes Interesse an politischen Fragen zu entfachen. Als ich älter wurde, lernte ich meine Unwissenheit hinter einer dünnen Fassade lächelnder Skepsis zu verbergen.

„Natürlich" – so schien meine Haltung anzudeuten – „hab' ich die ganze Sache längst durchschaut, und wenn Sie soviel darüber wüßten wie ich, wäre Ihnen längst klar, daß es die Mühe nicht lohnt, sich damit zu beschäftigen."

Erst vor kurzem wurde ich aus dieser absurden, falschen Selbstzufriedenheit herausgerissen. Es geschah zu einer Zeit, als mein Leben eben in geregelten, recht behaglichen Bahnen zu verlaufen begann. Dazu gehörte auch, daß ich einmal in der Woche nach London fuhr.

Anfang des Jahres nahm ich jeden Mittwochmorgen einen Zug, der um 6.30 Uhr von Polegate in East Sussex nach Victoria Station in London fuhr. Nach einer kurzen Fahrt in der überfüllten U-Bahn zum Oxford Circus ging ich immer die Regent Street hinauf zu einem kleinen Kaffeehaus, das in der Nähe des St. Georges Hotel und der Allerseelenkirche auf dem Langham Place liegt.

Dort bestellte ich einen schwarzen Kaffee und ein Schinkenbrot – Vollkornbrot ohne Butter, denn damals war ich auf Diät – und las irgendeine Illustrierte oder Tageszeitung, die ich am Bahnhof gekauft hatte.

Gegen 8.50 Uhr seufzte ich dann schwer, faltete meine Zeitung zusammen, zahlte die Rechnung und bog um die nächste Ecke zum Funkhaus. Dort holte ich mir einen Passierschein und ein Namensschildchen am Empfang und stieg zwei Treppen weit in die Tiefen des Gebäudes hinunter.

Ich ging etwa fünfzig Meter weit den Korridor entlang, stieß zwei Schwingtüren auf und befand mich im Kontrollraum neben Derek Jamesons „Bunker", dem Studio, in dem die Programme produziert werden, die Radio Zwei von 7.30–9.30 Uhr sendet. Ein paar Minuten später saß ich dann Derek gegenüber und übergab ihm mein vorbereitetes Skript für die Sendung: „Denkpause".

Was hat all das nun damit zu tun, daß ich ein unpolitischer Mensch bin?

Nun – eines war wirklich typisch für mich: Ich konzentrierte mich so völlig auf meine eigene kuschelige kleine Routine und die Beiträge, die ich zu liefern gedachte, daß es mir nicht im Traum eingefallen wäre, die Gespräche anderer Leute könnten mir zu denken geben.

Derek führte damals eine Art telefonische Meinungsumfrage zu tagesaktuellen Themen durch. Ein Thema, das mir wirklich durch den harten Schädel ins Hirn drang, war die Frage, ob der Ärmelkanaltunnel zwischen England und Frankreich gebaut werden sollte. Es ging dabei nicht um die Frage, wo die Eisenbahnanschlüsse gebaut werden sollten oder ähnliche Nebensächlichkeiten, sondern um die Frage, *ob der Tunnel überhaupt gebaut werden sollte*.

Die Antworten strömten nur so herein, und das Ergebnis war

einstimmig. Die Mehrzahl der Leute wollte keinen Tunnel. So einfach war das.

Als ich später wieder im Zug nach Süden saß, grübelte ich über die Sache nach. Mir wurde bewußt, daß ich ebenfalls keinen Tunnel wollte. Ich *haßte* den bloßen Gedanken daran. Nicht „als Christ" – ich glaube nicht, daß es in solchen Fragen einen spezifisch christlichen Standpunkt gibt –, sondern weil ich mir irgendwo im tiefsten Herzen wünschte, daß Großbritannien eine Insel bleiben möge. Ich wünsche nun einmal keinen physischen Anschluß an den europäischen Kontinent.

Während mein Zug an East Croydon vorüberbrauste und durch Gatwick hindurchratterte, wurde ich zusehends wütender. Als ich meinen Heimatbahnhof Polegate erreichte, hatte ich mir eine lange Liste von Beschwerden notiert, die teilweise einige Jahre zurückreichten. Bei jeder einzelnen ging es um Heilige Kühe, die auf dem Altar der Nützlichkeit geschlachtet worden waren.

„Stell dir nur mal vor", überfiel ich Bridget, kaum daß ich zu Hause angekommen war, „was sie alles getan haben, ohne mich auch nur zu fragen!"

„Zum Beispiel?" fragte sie leidenschaftslos.

„Dampfloks!" antwortete ich. „Sie haben sie einfach abgeschafft und statt dessen die langweiligen alten Diesel- und Großraumwagen eingeführt und mich überhaupt nicht gefragt!"

„Aber sie verschmutzten die Umwelt und –"

„Und die Währung!" schrie ich. „Ich hatte nur einen Augenblick lang nicht aufgepaßt, da haben sie einfach unsere lieben, komplizierten Pfunde und Shillings und Pennies abgeschafft und sie durch eine widerliche, blecherne, robotermäßige, verflixte Dezimalwährung ersetzt – ein Skandal!"

„Aber die Kinder finden es viel einfacher –"

„Kaum wende ich ihnen den Rücken zu, da schaffen sie ganze Grafschaften ab! Rutland! Und Huntingdonshire! Wo sind sie geblieben? Wer hat ihnen erlaubt, so an unseren Grafschaften herumzufuschen? Mich hat keiner gefragt!"

„Aber –"

„Und jetzt diese Geschichte mit dem Tunnel! Alle sagen, wir

wollen keinen Tunnel, und was passiert? Wir kriegen trotzdem einen Tunnel. Ich meine – das ist doch der Gipfel der Frechheit!"

Bridget merkte, daß mir (wie den Dampfloks) der Dampf ausgegangen war, und sie fing von neuem an.

„Aber du hast niemals auch nur einen Finger gerührt, Adrian. Du hast immer nur davon geredet, daß die Politiker Dummköpfe sind und es reine Zeitverschwendung sei, sich über solche Dinge Gedanken zu machen. Du hast gewußt, daß das alles geschieht, du warst nur zu faul, etwas zu unternehmen!"

Ich werde jedesmal sauer, wenn meine Frau recht hat, aber für gewöhnlich hat sie nun einmal recht. Und so war es auch diesmal.

Ich nehme an, mein Leben hatte bereits eine gewisse Ähnlichkeit mit meinen wöchentlichen Fahrten zu den BBC-Studios. Ich war festgefahren in den gemütlichen Karrenspuren der Gleichgültigkeit.

Wahrscheinlich hätte es zu meinen Christenpflichten gehört, einen Weg zu finden, wie ich mein Unbehagen über den Verlust an Lebensqualität hätte ausdrücken können. Selbst wenn es dabei um Fragen geht (oder gerade, wenn es um solche Fragen geht), für die es keine auf der Hand liegenden richtigen Antworten gibt.

Ich war unpolitisch, und ich bereue es.

Die Schönheit der Dinge

Ich habe es bereits eingestanden: Wäre das Lauschen ein Kapitalverbrechen, dann wäre ich schon vor Jahren gehängt worden. Ich weiß nicht, wie man das visuelle Äquivalent zum Lauschen bezeichnet, aber ich fürchte, ich muß mich auch dieses Verbrechens schuldig bekennen. Was die Leute in meiner Nachbarschaft tun und treiben, ist mir eine ständige Quelle der Unterhaltung, Zerstreuung und Faszination. Konzentriertes Beobachten kann zuweilen wie ein geistiges Teleskop funktionieren, das die große Bedeutung winziger Ereignisse enthüllt – zum Beispiel die Geburt eines Kindchens in einem Stall.

In ähnlicher Weise wurde ich ausgerechnet auf dem Bahnsteig des Bahnhofes Beckenham Junction Zeuge eines der zauberhaftesten Geschehnisse meines Lebens. Ich gebe zu, das ist ein etwas unwahrscheinlicher Schauplatz, aber genau dort geschah es. Ich hatte soeben – zu schmerzlich früher Stunde am Morgen – in einem Privathaus Aufnahmen für eine Fernsehpredigt gemacht und schlenderte nun in Richtung Bahnhof, um heimzufahren. Während ich dahintrabte, sann ich über die erfreuliche Aussicht nach, daß der ganze restliche Samstag noch vor mir lag und ich nichts weiter Anstrengendes mehr zu tun hatte.

Es war ein grauer, wolkenverhangener Morgen, von der feuchten Drohung nahenden Regens erfüllt, und mein Zug fuhr erst in einer Stunde. Es machte mir nichts aus. Wie Chesterton habe ich es immer (na, sagen wir, fast immer) genossen, auf einsame Bahnhöfe verschlagen zu werden. Ich kaufte mir eine Zeitung, setzte mich auf eine Bank in der Nähe des Drehkreuzes und war bald völlig in die Sportseiten vertieft.

Einige Minuten später wurde meine Aufmerksamkeit jedoch abgelenkt. Ein rumpelndes Geräusch näherte sich aus dem Inneren des Bahnhofes, wo sich die Fahrkartenschalter befanden. Der Lärm setzte ein oder zwei Sekunden lang aus – vermutlich wurden die Fahrkarten gekauft –, dann begann er von neuem, wurde lauter und lauter, bis ein junges Paar am Drehkreuz erschien. Sie schleppten einen großen hölzernen Gegenstand. Diesen setzten sie auf dem Boden ab, während der Beamte ihre Fahrkarten kontrollierte.

Es war ein Tisch. Neugierig spähte ich über den Rand meiner Zeitung. Es war absolut kein außergewöhnliches Möbelstück – recht hübsch, aber nichts weiter Ungewöhnliches. Einer dieser altmodischen runden Tische, die auf beiden Seiten ausziehbare Klappen haben und von geschnitzten Säulenbeinen getragen werden. Er war nicht einmal in besonders gutem Zustand. Allein auf den Stellen, die ich sehen konnte, hatten zwei oder drei Generationen ihre Flecken und Schrammen hinterlassen. Wie gesagt, der Tisch hatte nichts Besonderes zu bieten – außer der Aussicht auf viele Stunden des Abschmirgelns und Polierens.

94

Die beiden jungen Leute sahen auch ganz alltäglich aus. Ein junger Mann und ein Mädchen, beide vermutlich nicht älter als zwanzig. Ich beobachtete, wie sie ihren Tisch auf den Bahnsteig trugen, nachdem der Fahrkartenkontrolleur ihnen erlaubt hatte, ihn im Zug zu transportieren. Er hatte ein bißchen verdattert ausgesehen, als er feststellte, daß es diesmal nicht um einen Hund oder ein Fahrrad ging. Als die beiden jungen Leute näherkamen, betrachtete ich prüfend ihre Gesichter. Das Mädchen war recht hübsch, und beide hatten freundliche, offene Züge. Ihren Augen war anzusehen, daß sie beide gleich glücklich waren – ein ziemlich verläßlicher Hinweis, daß man es mit wahrer Liebe zu tun hat. Am liebsten hätte ich gelächelt.

Der Tisch wurde vorsichtig auf eine Stelle in der Mitte zwischen meiner Bank und der Bahnsteigkante gestellt. Ich faltete beiläufig meine Zeitung zusammen und tat, als starrte ich in Gedanken versunken den gegenüberliegenden Bahnsteig an.

Das Mädchen nahm einige Münzen aus der Tasche, schien eine hastige Berechnung im Kopf zu überschlagen, dann rannte sie aus dem Bahnhofsgebäude hinaus, vermutlich, um Süßigkeiten oder eine Zeitung in dem Geschäft gegenüber vom Fahrkartenschalter zu kaufen.

Während sie draußen war, drehte ihr Freund eine kleine, leichtfüßige Inspektionsrunde um den Tisch, offensichtlich außer sich vor schierem Entzücken, diesen Gegenstand zu besitzen. Es sah fast wie ein mühsam unterdrückter Freudentanz aus. Er tat sein Bestes, lässig und angemessen gelangweilt dreinzusehen, aber es gelang ihm nicht recht. Hin und wieder blieb er stehen, trat ein wenig näher, berührte das Holz vorsichtig mit den Fingerspitzen und lächelte ein kleines, heimliches, glückseliges Lächeln, bevor er wieder seine Runde drehte.

Als dann das Mädchen zurückkam, stand das junge Paar Seite an Seite da und blickte so voll zärtlicher Zuneigung auf ihr Möbelstück wie Eltern auf ein neugeborenes Kind. Sie streichelten die Tischplatte und wiesen einander auf Details der Ausführung hin; sie tätschelten das Holz und flüsterten miteinander und gestikulierten mit den Händen in der Luft, als machten sie bereits Pläne, wo sie es hinstellen sollten – das alles mit einem verhaltenen Entzücken, das sie beide wie Weihnachtskerzlein strahlen ließ.

Wenn mich nicht alles täuschte, sollte dieser Tisch das Herzstück eines neu gemieteten Hauses oder Apartments werden – oder auch nur einer Einzimmerwohnung, denn die beiden sahen nicht allzu wohlhabend aus. Ich seufzte innerlich ein wenig, als ich mir vorstellte, wie sie zu Hause ankamen und sich ans Werk machten; wie sie ihr Juwel mit Sandpapier schmirgelten und leimten und polierten, bevor sie es schließlich an verschiedene Stellen schoben, um festzustellen, wie es dort wirkte.

Diese kleine Szene war in ein solch sanftes Licht gehüllt, daß ich aufstand und mich ein wenig näher heranpirschte, in der Hoffnung (um ganz ehrlich zu sein) zu hören, was sie miteinander redeten. Ich glaube, es war sogar mehr als nur das. So albern es klingen mag, ich wollte an dieser unschuldigen Freude teilhaben.

Aber, wie das Leben so spielt, fuhr ihr Zug in diesem Augenblick ein, und Sekunden später manövrierten sie ihren hölzernen Liebling mit äußerster Vorsicht in einen der Wagen und schlugen die Türe hinter sich zu.

In diesem Augenblick herrschte in mir ein ziemliches Durcheinander von Gefühlen: Traurigkeit, weil ich selbst jene innere Einfalt verloren hatte, die die Tiefen reiner Bewunderung hervorbringt, die ich soeben gesehen hatte; Freude, weil es einfach eine Freude gewesen war, das mitanzusehen; und ein neues Verständnis dafür, was der Apostel Paulus gemeint hatte, als er uns aufforderte, zu betrachten, was schön ist. Ich fühlte, wie gut es mir tat.

Mag sein, daß da auch etwas von der Bedeutung des Wortes „Verklärung" mitschwang, denn in seiner weitesten Auslegung bedeutet dieses Wort, daß etwas um der Liebe willen zu leuchten beginnt.

Ich weiß nicht, ob man bei einem alten Tisch von Verklärung sprechen kann, aber ich hatte die verrückte Vorstellung, der Bahnsteig sei tatsächlich ein wenig düsterer geworden, sobald der Zug um eine Kurve in der Ferne verschwunden war.

Du sollst nicht radfahren

Ein letztes Eingeständnis: Ich habe meine Schwierigkeiten mit dem Lebensbereich „Auseinandersetzungen". Ich kann damit einfach nicht umgehen.

Kürzlich wurde ich gebeten, ausgerechnet über dieses Thema zu sprechen. Ich fühle mich auf diesem Gebiet nicht sehr sattelfest und wußte nicht recht, wo ich anfangen sollte. Zuletzt – nach viel Gebrummel und Grübeln und Kopfkratzen – beschloß ich, das Matthäusevangelium durchzulesen und mir zu notieren, wann und wo Jesus mit Menschen oder Ideologien oder sonst irgend etwas in Konflikt geraten war. Dieser Katalog der Konfrontationen erwies sich als weitaus länger und bedeutungsvoller, als ich erwartet hatte.

Jesus geriet in Auseinandersetzungen mit

Dämonen: An diese grauenhaften Wesen verschwendete der Herr keine Höflichkeiten.

Krankheit: Schon ziemlich am Anfang dieses Evangeliums lesen wir, wie Jesus die Schwiegermutter des Petrus heilte und den Aussätzigen, der ihn so sehr zum Mitleid rührte. Körperlichen Leiden trat er entgegen und kümmerte sich dann nicht weiter darum.

Wetter: Jesus befahl einem Sturm, sich zu legen.

Die Nazarener: Die Bewohner von Jesu Heimatstadt fühlten sich durch die Vollmacht, mit der er seine Lehren vertrat, und die Forderungen, die er erhob, beleidigt. (Wie oft versagen wir selbst auf dieselbe Weise? Wie oft können wir guten Bekannten nicht „erlauben", Ungewöhnliches zu tun, und bringen uns dadurch selbst um eine gute Gabe, die Gott uns durch sie anbieten wollte?)

Die Pharisäer und Schriftgelehrten: Ihnen machte er nun wirklich das Leben sauer! Nicht nur durch offene Kritik, sondern auch durch witzige, verwirrende Antworten auf ihre Fangfragen. („Wer gibt dir das Recht, solches zu tun?" – „Sollten wir dem Kaiser Steuern zahlen?")

Seine eigenen Jünger: Er schalt sie bei mehr als einer Gelegenheit, zumeist dann, wenn sie sich in einer Art Komiteesitzung darauf geeinigt hatten, was als nächstes passieren sollte oder was er wirklich meinte. Bei einer Gelegenheit hatte Jesus von seinem unmittelbar bevorstehenden Verrat durch Judas Iskariot, seinem Tod und seiner Auferstehung gesprochen, und Markus erzählt uns, daß die Jünger „ihn nicht verstanden und nicht wagten, ihn zu fragen". Jesus war ganz offenkundig fest entschlossen, daß seine Nachfolger sein Leben nicht in eine Religion verwandeln sollten. (Zu diesem Entschluß steht er auch heute noch).

Petrus wurde besonders heftig zurechtgewiesen, als er versuchte, Jesus vom trostlos unattraktiven Pfad des Gehorsams abzubringen. Wie viele von uns tun dasselbe, wenn es um Leute wie Terry Waite geht? Wir sollten für seine sichere Rückkehr beten, aber sollten wir nicht auch Gott dafür danken, daß sein Diener zur rechten Zeit am rechten Ort ist, aus Gründen, die wir im Augenblick eben nicht verstehen können?

Sein eigener Vater: In jenem schrecklichen Augenblick, als Jesus unsere Sünde von den Wurzeln seines eigenen Wesens abschnitt, geriet er in einen plötzlichen, panikerfüllten Konflikt mit Ihm, dem er am meisten vertraut hatte.

Dieser Worte wegen – „Mein Gott, mein Gott, warum hast du mich verlassen?" – können wir gewiß sein, daß es im Herzen Gottes jene Erfahrung von Leere und Zurückweisung gibt, die mitleidig mit einer vergleichbaren Dunkelheit in den Herzen der Menschen mitfühlt.

Das ist nur ein Teil der Liste, die ich zusammenstellte. Ich habe hier jene Gelegenheiten nicht erwähnt, bei denen Jesus – zur großen Verwunderung seiner Jünger – es vorzog, einem Konflikt aus dem Weg zu gehen oder sich zurückzuziehen (um nur ein Beispiel zu nennen: als er das Ohr des Zenturios heilte). Es ist ganz klar, daß Konflikte eine positive Auswirkung auf unser Leben haben können. Warum sehen wir also so wenig davon? Was tun wir mit den legitimen Impulsen, uns einer Konfrontation zu stellen, die von Zeit zu Zeit in uns auftauchen? Ich kann die Frage nur für mich selbst beantworten.

(a) Meine Familie kriegt die Ladung ab statt die Gegner, denen ich mich hätte stellen sollen. Das ist das bekannte „Radfahrersyndrom": Nach oben buckeln, nach unten treten.

(b) Ich schlucke den Ärger hinunter. Man hat mir gesagt, Depressionen seien Zorn, der keinen Ausdruck findet. Weggedrückte Gefühle können geistlich, geistig und körperlich böse Folgen haben.

(c) Ich lasse meiner Aggression freien Lauf, indem ich KLATSCH in die Welt setze, eine der zerstörerischsten Aktivitäten, die es in einer Kirchengemeinde gibt. Als Fürsorge getarnter Zorn und Groll wirken wie Gift.

„Ich mag John – wirklich, ich mag ihn. Deshalb macht es mir ja solche Sorgen, daß er allmählich anfängt zu . . .“

„Ganz im Vertrauen und nur als Gebetsanliegen, aber hast du schon die Sache mit Jill gehört . . .“

(d) Ich schmolle. Anstatt Mißvergnügen oder Unglück offen auszudrücken, spiele ich Spielchen, zumeist in der Form, daß die Person, die mich meiner Ansicht nach verletzt hat, „raten“ muß, warum ich so ungenießbar bin.

(e) Ich verwässere meine eigene Überzeugung, weil ich den offenen Kampf fürchte. Das kann der Fall sein, wenn es um Glaubensangelegenheiten geht, aber auch, wenn ich mich beim Klempner beschweren sollte, daß die Zentralheizung *immer noch* nicht ordentlich funktioniert. Ich höre mich selbst faule Kompromisse hervorblöken, wo ich entschlossen und stark sein sollte.

(f) Ich habe insofern Glück, als ich als Schriftsteller und Redner die Möglichkeit habe, mich mit Institutionen und Ideologien in Schriften und Vorträgen auseinanderzusetzen, aber auch hier lauert die Versuchung, entweder zu hart oder zu lasch zu sein.

Was kann ich also tun, um die Dinge zu ändern?

Zum ersten lerne ich aus Jesu eigenem Verhalten, daß es zwischen Feigheit und unverblümter Aggression einen Mittelweg ruhiger Selbstsicherheit gibt. Die meisten von uns finden diesen Weg ziemlich schwierig. Dazu gehört nämlich, daß wir unsere Gefühle auf klare und ruhige Weise zum Ausdruck bringen, noch bevor wir den Dingen so lange ihren Lauf gelassen haben, daß uns nichts anderes mehr übrigbleibt, als zu explodieren oder böses Gerede in Umlauf zu bringen oder uns in den Schmollwinkel zurückzuziehen. Das Ganze birgt natürlich ein gewisses Risiko in sich, denn möglicherweise will die Person, an die wir uns wenden, uns nicht gerade dort abholen, wo wir uns befinden. Ich nehme jedoch an, daß in der Mehrzahl der Fälle explosive Situationen entschärft werden, wenn wir nach dieser Methode vorgehen und daß Beziehungen dann tatsächlich besser werden. Ich frage mich insgeheim: Wie oft habe ich Veränderungen zum Besseren in meiner eigenen christlichen Gemeinschaft blockiert, indem ich geschwiegen habe, wenn ich hätte sprechen sollen, oder gesprochen habe, wenn ich besser den Mund gehalten hätte?

Zum zweiten – und das ist wohl das Wichtigste überhaupt – muß ich mich vergewissern, daß ich konzentriert und eindringlich um wirkliche Führung bete, wann ich mich einer Auseinandersetzung stellen und wann ich mich besser zurückziehen soll. Dies ist kein auf Wunsch mitgeliefertes Extra, sondern eine Grundvoraussetzung.

Und schlußendlich, nehme ich an, sollten wir danach trachten, uns das schlichte und geradlinige Wesen von Kindern anzueignen – von Kindern, die keine Angst haben, zu sagen, was sie denken, aber immer bereit sind, Rat und Führung von weisen Eltern anzunehmen.

Heiße Wangen, rote Ohren

Also – meinetwegen! Noch ein weiteres kleines Geständnis: Ich habe nun einmal einen gewissen Hang dazu, mich in peinliche Situationen hineinzumanövrieren.

Vor einigen Jahren mußte ich im Rahmen meiner Lehrerausbildung am Stockwell College in Bromley einige Skripten über die Psychologie der Peinlichkeit lesen. Der Großteil der Gehirnzellen, die die entsprechenden Informationen aufgenommen haben, scheint inzwischen abgestorben zu sein, aber einiges von dem, was ich damals gelernt habe, habe ich noch in Erinnerung.

So weit ich mich erinnern kann, wurde uns folgende Theorie unterbreitet: Peinlichkeit tritt dann auf, wenn Menschen aus der Rolle fallen, die der Situation oder der Umgebung entspricht, in der sie sich gerade befinden. Dadurch kann ein „Rollenkonflikt" entstehen, welcher, glaubt man dem Buch, die eigentliche Ursache jener unbehaglichen Verwirrung ist, die wir Beschämung nennen.

Ein Beispiel: Ich sitze im Theater und höre dem Komiker zu, der vorne auf der Bühne seine Witze reißt. Da kann es leicht zum Rollenkonflikt kommen. Wenn die Witze des Komikers tatsächlich witzig sind und ich herzlich lachen kann, dann gibt es keinen Anlaß zu Peinlichkeit. Seine Rolle ist es, mich zu unterhalten. Falls jedoch seine Darbietung so trostlos ist, daß ich beim besten Willen nicht lachen kann, dann werde ich mich möglicherweise vor Peinlichkeit auf meinem Sitz winden. Ich weiß dann nur zu genau, daß *ich* in meiner Rolle als Zuschauer versage, weil *er* in seiner Rolle als Unterhalter versagt. Wenn die anderen Zuhörer sich ebensowenig amüsieren wie ich, dann wird der Komiker selbst ein ähnliches oder vielleicht noch tiefergehendes Unbehagen empfinden, weil er in seiner Rolle versagt hat – der arme Kerl.

Eines der peinlichsten Erlebnisse in meinem Leben ereignete sich in einem Autobus auf der Strecke von Tunbridge Wells nach Heathfield. Ich war damals noch ein ganz junger Mann. Der Bus war gestopft voll mit Leuten, die vom Einkaufen kamen. Ich fand einen Fensterplatz neben einer jungen Mutter, die mit Päckchen und Plastiktüten beladen war. Sie sah erhitzt und verschwitzt aus, wie es bei jungen Müttern oft der Fall ist, und irgendwie war sie von ihrem Töchterchen getrennt worden, das auf dem Fenstersitz unmittelbar hinter mir saß. Ein ungeheuer fetter Mann, der einen sehr kurzen, engen Pullover trug, versperrte ihr den Ausgang.

Als wir uns ungefähr auf halber Strecke einer Haltestelle näherten, sammelte meine Nachbarin ihre Tüten und Päckchen ein, stand auf und wandte sich mit ziemlich besorgtem Gesichtsausdruck um. Offenbar wollte sie den dicken Mann bitten, ihrer Tochter den Weg freizugeben. Ich dachte, ich könnte ihr behilflich sein. Also wandte ich mich um und schob die Hände unter die Achseln des kleinen Mädchens, um sie aus dem Sitz zu heben und ihrer Mutter zu überreichen. Unglücklicherweise machte ich mir eine völlig falsche Vorstellung vom Gewicht kleiner Mädchen. Sie war viel leichter, als ich angenommen hatte. Das Ergebnis war, daß ich sie hochriß und kopfvoran ins Dach des Autobus rammte, so fest, daß sie von der Wucht des Aufpralls schielte. Als die Mutter sich zu mir herüberbeugte, um ihre Tochter zu retten, brannten meine Wangen vor Scham. Es muß ausgesehen haben, als hätte ich es mit voller Absicht gemacht!

Mutter und Kind verließen den Bus. Als wir wieder losfuhren, warf ich einen Blick über die Schulter. Der Dicke starrte mich vorwurfsvoll an. „Warum", schien sein Gesichtsausdruck mich zu fragen, „haben Sie soeben diese schurkische, grausame Gewalttat an einem armen, hilflosen kleinen Mädchen begangen?"

Er sah mich keineswegs als Helfer – er sah mich als Kindesmißhandler. Ich war peinlich berührt. Ich war *überaus* peinlich berührt.

Erst kürzlich trat ich wieder voll ins Fettnäpfchen. Es war während eines Familienurlaubs auf dem Kontinent. Diesmal machte ich mich in einer Seilbahn, die zum Gipfel des Mont Blanc hinauffuhr, zum Narren. Die Gondel war vollgepfropft mit Touristen, vor allem französischsprechenden, mit ein paar Japanern untermischt, die überaus zufriedenstellende orientalische Seufzer der Bewunderung und des Entzückens von sich gaben, als das Panorama schneebedeckter Berggipfel sich ihren Blicken darbot.

Eine gütig dreinblickende, ziemlich füllige Französin in fortgeschrittenen Jahren bot jedem meiner beiden Söhne ein Bonbon an. Natürlich nahmen sie es an, und ich hielt die Situation für eine ideale Gelegenheit, meine umfangreichen Kenntnisse der gallischen Zunge zu demonstrieren.

Meine Frau erkannte an meinen gerunzelten Brauen und meinem glasigen Blick, daß ich im Geiste an einem französischen Satz bastelte. Sie machte einen überstürzten Versuch, mich noch rechtzeitig zu erreichen, um das Unheil abzuwenden, aber sie befand sich auf der anderen Seite der Gondel und schaffte es nicht mehr rechtzeitig. Ich klopfte der großzügigen alten Französin auf die Schulter, lächelte wohlwollend und sagte etwas, das bedeuten sollte: „Offenbar sind Sie selbst Großmutter."

Das Lächeln erlosch auf dem Gesicht der alten Dame, als hätte ich sie geohrfeigt. Die übrigen französischsprechenden Mitfahrer ließen vorwurfsvolles Grunzen und Zungenschnalzen hören. Ich bemerkte, daß meine Frau angestrengt durch das Fenster ins Nichts starrte.

„Was hab ich gesagt?" zischte ich. „Hat die Grammatik nicht gestimmt oder sowas?"

„Unglücklicherweise", zischte Bridget mir aus dem Mundwinkel zu, „hast du überaus selbstbewußt geklungen und fließend gesprochen. Deshalb klang es ja so abscheulich."

„Ja, gut, aber was habe ich gesagt?"

Anscheinend hatte ich zu der alten Dame mit den Süßigkeiten gesagt: „Na, Sie sind aber eine ziemlich fette Frau, nicht wahr?"

Wiederum Rollenkonfusion – Peinlichkeit!

Der nächste Schritt unserer College-Erziehung auf diesem Gebiet befaßte sich mit dem Wesen und der Funktion des Begriffes „Takt". Eine taktvolle Person, so informierte uns unser Dozent, ist jemand, der unpassend gewordene Rollen wieder ins Lot bringt, Peinlichkeiten beseitigt und Beziehungen wiederherstellt.

„Vielleicht wollte er nur behilflich sein . . . Ich bin überzeugt, er hat es nicht böse gemeint . . . Vielleicht wollte er dem kleinen Mädchen nur helfen, als er es hochhob . . ." – etwas in dieser Richtung.

Der christliche Glaube befaßt sich mit dem Zusammenbruch der Beziehung zwischen Gott und Mensch. Gott schuf Männer und Frauen, damit sie in einer Liebesbeziehung zu ihm stehen sollten, und solange sie als einzelne diese angemessenste aller Rollen nicht erfüllen, wird es immer eine Art kosmischer Peinlichkeit geben.

Ich weiß nicht, ob man Jesu Tod und Auferstehung wirklich als die äußerste Anstrengung in Sachen Takt deuten darf, aber es ist der einzige Weg, den ich kenne, um den Schaden zu reparieren – diesen Schaden, der irgendwie in der fernsten Vergangenheit entstand, als Adam und Eva, wie uns die Bibel erzählt, ihre Freundschaft mit Gott verdarben und plötzlich ihre eigene Nacktheit entdeckten und zutiefst peinlich berührt waren.

Laßt uns Benzingemeinschaft haben

Früher war ich noch viel naiver als heute. Damals glaubte ich allen Ernstes, ein Schriftsteller brauche weiter nichts als die Gabe zu schreiben. Inzwischen weiß ich, daß man noch diverse weitere Fähigkeiten braucht: Dazu gehören beispielsweise die Grundbegriffe der Buchhaltung, juristische Kenntnisse, eine Bereitschaft wie ein Badeschwamm, bereitwillig in sich aufzusaugen, was der Vetter zweiten Grades der Freundin meiner Tante mit stumpfem Bleistift aufs Butterbrotpapier geschmiert hat, ausreichende Seelenstärke, um im Rahmen lokaler Radiosendungen immer wieder auf dieselben Fragen dieselben Antworten zu geben, und hinreichend Demut und Selbstbeherrschung, um davon abzustehen, feindselige Kritiker zu verfolgen und in finsteren Hintergassen durchzuprügeln. Es gibt keine Abendkurse zum Thema „Wie vergebe ich meinem Kritiker?" – man muß sich also fast alles selbst beibringen.

Nehmen wir einmal das Signieren von Büchern. Ein gewisses Naturgesetz – Sie wissen schon, welches – ist hier mit ausgesuchtester Bosheit am Werk. Wenn ich die Einladung zu einem Vortrag annehme und beschließe, *keine* Bücher zum Verkauf anzubieten, dann stürzt sich nach dem letzten Wort unweigerlich ein heulender Mob auf mich, der mit wölfischem Appetit danach giert, jedes Wort zu verschlingen, das ich jemals geschrieben habe. Und Umgekehrt: Lasse ich meinen Verleger in einem Anfall von Selbstvertrauen große Mengen Bücher zum vereinbarten Ort der Veranstaltung anliefern, dann endet die Sache garantiert damit, daß ich nach einem langen Tag aufs jämmerlichste mit großen, sperrigen Bücherpaketen beladen daherwanke und mit dieser Last unzählige Male den Bus oder Zug wechseln muß. Falls aber wirklich einmal ein Wunder geschieht und Angebot und Nachfrage sich die Waage halten, so ist es mir grundsätzlich wichtig, mir eine der wenigen Lektionen zu merken, die bei mir wirklich hängengeblieben sind: Man kann Bücher nicht gleichzeitig signieren und verkaufen. Nun – manche Leute können es vielleicht, aber ich gehöre nun einmal nicht dazu.

Ich bin, wenn es ums Geld geht, schon unter günstigen Umständen ein Tolpatsch. Es ist mir schon mehr als einmal passiert, daß ich einem Taxifahrer eine Banknote in die Hand gedrückt und in großzügigem Ton gesagt habe „Behalten Sie den Rest" – worauf er mich in leidenschaftslosem Tonfall wissen ließ, daß ich soeben mir selbst ein reichliches Trinkgeld zugedacht hatte. Ich bin also völlig außerstande, mit einer Hand Bücher zu signieren und mit der anderen das Wechselgeld herauszugeben. Bei mir weiß nicht nur die Linke nicht, was die Recht tut – mein Gehirn verliert die Kontrolle über beide! Ich neige also dazu, Fünfpfundnoten zu signieren und Taschenbücher in die Geldkassette zu werfen – was die wackeren Brüder und Schwestern, die in einfältigem Vertrauen auf meine geistige Gesundheit an mich herantreten, zuweilen ziemlich beunruhigt. Heutzutage bitte ich die Organisatoren freundlichst darum, für jemand zu sorgen, der „die Kasse macht". Das bedeutet eine immense Erleichterung für mich, weil es mir wirklich Spaß macht, neue Leute kennenzulernen und nette Widmungen in ihre Bücher zu schreiben – solange das alles ist, was ich zu tun habe.

Vor kurzem habe ich irgendwo gelesen, daß auf den christlichen Vortragsreisenden im allgemeinen drei Versuchungen lauern, und zwar sind es – die Reihenfolge ist beliebig – Sex, Macht und Geld. Dazu kann ich nur sagen: Ich verirre mich wohl immer in die falschen Gegenden! Ich halte zwar ständig Aussicht nach Gelegenheiten, den Horden verführerischer Weibspersonen vor meiner Hotelzimmertür heldenhaft moralischen Widerstand zu leisten, aber bislang hat sich noch keine einzige blicken lassen. Ich beklage mich ja auch gar nicht darüber, Herr – ehrlich nicht!

Das Verlangen, Macht über mein Publikum, Leser und Zuhörer auszuüben, liegt mir in puncto Versuchung schon näher, aber ich habe nur wenig Gelegenheit zu sündhaftem Genuß auf diesem Gebiet, seit Gott mich am Nackenfell gepackt und zu mir gesagt hat:

„Plass, deine Berufung im Leben ist es, für mich den Hanswurst zu spielen." Ich nehme an, daß schon die fröhlichen, satirischen Scherzchen meiner Familie mich auf jeden Fall davor bewahren würden, mich als Schriftsteller oder Vortragenden allzu ernst zu nehmen.

Was das Geld angeht, so käme ich gerne einmal in die Lage, *den größten Teil* einer ungesund hohen Summe zurückzuweisen, aber mir ist noch keine angeboten worden. Ganz im Gegenteil, ein spezielles Problem taucht zuweilen in diesem Zusammenhang auf, und zwar gewöhnlich am Schluß eines Vortrags mit anschließender Signierstunde.

Viele Gemeinden und kirchlichen Organisationen haben eine gesunde und realistische Einstellung, was die Spesen und Honorare reisender Redner betrifft. Ihre Großzügigkeit rührt und verwundert mich zuweilen. Aber es gibt auch andere. Sie mögen selten sein, aber sie bleiben einem im Gedächtnis. Dort stellen einem finster blickende Schatzmeister die Frage, ob man „Gemeinschaft bei den Benzinkosten haben möge", und in solchen Situationen taucht dann das oben erwähnte Problem auf. Die Szene spielt sich dann folgendermaßen ab.

Ich habe das letzte Buch signiert, die Zuhörer haben den Saal verlassen, der Abend ist zu Ende. Übriggeblieben sind nur noch ich, meine unverkauften Bücher und der Schatzmeister, der mit Leichenbittermiene die Reisespesen auf Heller und Pfennig genau ausrechnet. Mit finster gerunzelter Stirn zählt er die entsprechende Summe Münze für Münze aus einer kleinen ledernen Geldbörse hin, während ich das Geld zähle, das der Buchverkauf eingebracht hat. Wenn viele Bücher verkauft wurden, kann das zusätzlich zu der üblichen Münzensammlung ein ganz hübsches Häufchen Fünf- und Zehnpfundnoten ergeben. Während ich tief über den Tisch gebeugt sitze und angestrengt rechne, wird mir allmählich bewußt, daß der Geldzähler einen vorwurfsvollen Blick auf den Packen Banknoten in meiner Hand richtet.

Der Ausdruck auf seinem Gesicht scheint zu fragen: „Was will ein Christ wie du mit all dem Geld?" Und weiter: „Warum nimmst du das Reisegeld aus unseren Kassen, in denen chronische Ebbe herrscht, wenn du bereits durch deine billigen Verkaufstricks dem armen Volk solch riesige Summen abgeknöpft hast?"

Als ich noch ein blutiger Anfänger war, löste diese Methode in mir immer dieselbe Reaktion aus: Ich begann mich zu verteidigen, indem ich nervös herumstotterte, wieviel ich selbst in die Bücher hatte investieren müssen, wie wenig ich an ihnen verdiene, wie schwer es ist, als freiberuflicher Schriftsteller eine Frau und drei Kinder zu erhalten und daß mir als gutem Christen Geld so gut wie gar nichts bedeutete. Es gab Zeiten, da war ich nahe daran, dem Schatzmeister mein Honorar abzutreten – als Dankopfer, daß er mir zu sprechen erlaubt hatte.

Heute tue ich nichts dergleichen mehr. Ich ignoriere finstere Blicke. Das, habe ich gelernt, muß man als Schriftsteller auch fertigbringen: Beantworte niemals Fragen, die man dir nicht gestellt hat – vor allem keine Fragen nach Geld.

Es gibt viel zu lernen, aber langsam komme ich weiter. Wenn ich wirklich hart daran arbeite, mir all diese notwendigen Kenntnisse anzueignen, werde ich vielleicht sogar jede Woche ein paar Stunden erübrigen können, um ein wenig zu schreiben.

Feuertaufe

Nach einem Vortrag setze ich mich gerne noch mit den Leuten bei einer Tasse Kaffee zusammen, bevor alle nach Hause gehen. Im Verlauf dieser knisternden halben Stunde bin ich schon oft gefragt worden, ob ich nun ein Schriftsteller sei, der Vorträge hält, oder ein Redner, der nebenher schreibt.

Die Wahrheit ist, daß ich als Schriftsteller angefangen habe. Mein erster tapsiger Schritt in die Welt der Literatur war ein gewaltiger Flop, aber das „Tagebuch eines frommen Chaoten", das bereits früher als Kolumne im „Family Magazin" erschienen war, verkaufte sich um vieles besser. In der Folge wurde ich eingeladen, bei dem großen christlichen Festival „Spring Harvest" zu lesen. Ich dachte, ich würde ziemlich nervös sein, wenn es so weit war, aber das stimmt nicht. Ich war nicht bloß nervös. Ich war wie erstarrt vor Angst!

Kurz nach meiner Rückkehr aus Minehead habe ich diese nervenzerfetzende Erfahrung zugunsten der Nachwelt festgehalten. Ich hoffe, sie wirkt nicht allzu entmutigend auf potentielle Redner!

Ich habe mich für Spring Harvest mitsamt meiner Frau und den drei Kindern angemeldet. Ich soll im Rahmenprogramm Auszüge aus meinem „Tagebuch" lesen.

Ungefähr drei Leute haben schon von meinem Tagebuch gehört. Ich bin sehr nervös.

Wir kommen spät nachts an. Mein siebenjähriger Sohn, Joseph, muß sich genau vor dem Haupteingang übergeben. Scheint kein gutes Vorzeichen zu sein. Da ich Christ bin, gebe ich jedoch nichts auf Vorzeichen. Das Wetter hat gewisse Ähnlichkeit mit jener Szene in „Die Kanonen von Navarone", wo sie im sintflutartigen Regen die Klippe erklimmen.

Wir finden das Büro und holen uns den Schlüssel zu unserem Bungalow. Wir finden unseren Bungalow. Ein Mann wohnt darin. Er freut sich ebensosehr, uns zu sehen, wie wir uns freuen, ihn zu sehen. Wir geben Floskeln von uns wie „Preist den Herrn!" und „Woher kommst du, Bruder?" Er soll eine Nacht lang den Bungalow mit uns teilen. Wir sind alle sehr herzlich. Zum Glück ist er nett.

Ich bin erstaunt über den Bungalow. Er ist neu. Es gibt ein Farbfernsehgerät. Es gibt eine Kochnische. Die Möbel sind hübsch. Wir machen es uns gemütlich. Joseph muß sich wieder übergeben. Wir gehen zu Bett. Wir schlafen.

Am Montag besuche ich ein Treffen der Mitarbeiter von Spring Harvest. Berühmte Christen sind unter den Anwesenden. Wir singen Choräle. Wir treffen uns in kleinen Gruppen zum Gebet. Ein berühmter Christ leitet meine Gebetsgruppe. Er macht den Vorschlag, wir sollten einer nach dem anderen Gott dafür danken, was er heute schon für uns getan hat.

Ich komme als letzter mit Beten dran. Alle anderen haben für fünfzehn verschiedene Dinge Dank gesagt – so scheint es mir jedenfalls. Ich sage insgeheim zu Gott: „Ich wüßte wirklich nicht, wofür ich dir heute danken soll." Gott seufzt und sagt: „Ach, wenn du wüßtest, Plass. Wenn du wüßtest!" Ein oder zwei Dinge fallen mir ein. Ich versuche, inbrünstig und andächtig zu klingen. In Wirklichkeit fühle ich mich ziemlich verschwitzt und angespannt.

Clive Calver, der Generalsekretär der Evangelischen Allianz, spricht zu uns allen. Er ermahnt und ermutigt uns. Er erzählt einen Witz. Alle sind sehr entgegenkommend. Er sagt, wir sollten uns in große Aktionsgruppen teilen. Wir gehorchen. Ich bin in der Unterhaltungsgruppe. Ich wende mich dem Mann neben mir zu und flüstere: „Ich kann dieses Getue um die ‚berühmten Christen' nicht ausstehen, Sie etwa?" Er sieht ein bißchen wie auf den Schlips getreten drein. Später erfahre ich, daß er ein berühmter Christ ist.

Noch später erzähle ich meiner Frau von dem Treffen. Sie behauptet, ich hacke nur deshalb dauernd auf den berühmten Christen herum, weil ich selbst keiner bin. Was für ein Unsinn!

Am nächsten Abend habe ich meinen ersten Lesetermin in der Multi Media Mega Show. Ich komme frühzeitig an. Ich versuche, ganz cool zu wirken. Ich bin wie gelähmt vor Angst. Bald darauf stürmen mehrere hundert Teenager durch die Türen, es rauscht gewaltig. Ich stammle ein lautloses Gebet. Gott sagt: „Ich bin doch keine Whiskyflasche, Plass." Ich antworte: „Es wär mir aber lieb, wenn du eine wärst." Ich bereue in aller Eile. Gott lächelt. Er kann einen Spaß vertragen.

Steve Flashman, ein alter Freund, eröffnet die Show. Er ist der Gastgeber. Er ist sehr gut. Die Show ist sehr gut. Sue, Steves Frau, ist sehr gut. Die Teenager haben jede Menge Spaß an der Sache. Ach, du meine Güte! Wie bin ich bloß auf den Gedanken gekommen, hier aufzutauchen und ihnen allen den Spaß zu verderben?

Steve ist ungemein lebhaft. Ich denke darüber nach, daß er genauso alt ist wie ich. Komme zu dem Schluß, daß er vermutlich Squash oder etwas ähnlich Schweißtreibendes spielt.

Überall Videos und Wettkämpfe und Live-Auftritte und

Scheinwerfer. Plötzlich bin ich an der Reihe! Steve stellt mich vor. Ich sehne mich nach einer plötzlichen Erkrankung, einer Naturkatastrophe, der Wiederkunft Christi oder sonst irgendwas, wenn es mich nur rettet. Nichts passiert.

Ich erklimme die Bühne und werfe einen Blick ins Publikum. Ungefähr eine Million Teenager füllt das Auditorium bis zum letzten Platz. Sie lauern dort in der Dunkelheit, sie wollen herausfinden, ob ich witzig bin oder nicht. Mir ist zumute, als hätte ich Leim getrunken. In meinem Magen blubbert es wie von Unmengen kaltem Haferbrei. Ein Muskel in meiner rechten Wade zuckt unkontrolliert.

Ich fühle mit absoluter Gewißheit: Meine wahre Berufung ist es, ein kleiner Angestellter in einer Riesenfirma zu sein, frei von jeglicher Verantwortung. Wenn keiner von diesen zwei Millionen jugendlichen Monstern lacht, falle ich auf der Stelle tot um. Ich frage mich, wie ich jemals auf den irrwitzigen Gedanken gekommen bin, mich hierher ins Scheinwerferlicht zu stellen und diesen scheußlichen Mist vor drei Millionen Killer-Kids zu lesen.

Seit die mir zustehende Menge an ermutigendem Applaus verklungen ist, sind schon mindestens vier Sekunden vergangen. Wenn ich nicht bald anfange, müssen sie mich für vollkommen bescheuert halten. Ich *bin* vollkommen bescheuert. Wie wäre ich sonst auf den Gedanken gekommen, mich vor vier Millionen Leuten im denkbar widerwärtigsten Alter lächerlich zu machen?

Ich beginne zu lesen. Meine Stimme quetscht sich mühsam zwischen den Mandeln hindurch. Die ersten paar Worte fallen wie Teigkleckse auf die Bühne zu meinen Füßen. Dann lacht irgendeine wunderbare, wunderbare Person weit hinten im Auditorium laut auf. Und noch jemand lacht. Mehrere Leute lachen. Fast alle lachen. Natürlich, sage ich zu mir selbst, ich wußte doch von Anfang an, daß man sich auf Teenager verlassen kann. Sie haben den richtigen Durchblick. Eine ganz reizende Altersgruppe. Als ich mich dem Ende der Lesung nähere, kündige ich im Geiste meinen Posten als kleiner Angestellter und probe den Gesichtsausdruck erfreuter, aber demütiger Überraschung, den ich aufzusetzen plane, sollte ich demnächst als „einer der bedeutendsten Christen unserer Zeit" dem Publikum vorgestellt werden.

Der Applaus ist laut und anhaltend. Ich gewinne Zeit für den Versuch, ein paar komplizierte spirituelle Gymnastikübungen zu machen, um demütig zu bleiben. Es gelingt mir nicht. Ich steige von der Bühne hinunter. Meine Knie fühlen sich an wie mit Watte gefüllt. Mein Magen ist mit Watte gefüllt. Mein Hirn ist mit Watte gefüllt.

Sobald die Show zu Ende ist, kommen einige Teenager auf meine Frau und mich zu. Sie sagen, sie hätten mein Geschreibsel echt gut gefunden. Ich freue mich. Eines der Mädchen sagt zu Bridget: „Das muß ja irre witzig sein, mit ihm verheiratet zu sein." Bridget stößt ein ingrimmiges Grunzen aus. Sie sagt: „O ja, es ist wahnsinnig spaßig, mit ihm verheiratet zu sein, vor allem in aller Morgenfrühe." Ich hüstele diskret und bedeute ihr, es sei Zeit zu gehen. Wir kehren zurück zu unserem Bungalow.

Die Woche geht weiter.

Unsere Kinder verschwinden jeden Morgen in ihren Club. Eins ist eine „Ameise", das andere ein „Elefant". Bridget und ich vermissen sie sehr. (Reden wir uns ein.)

Wir hören Winkie Pratney sprechen. Er bringt uns zum Lachen. Wir hören Lyndon Bowring sprechen. Er bringt uns zum Weinen. Wir hören Eric Delve sprechen. Er bringt uns zum Lachen und zum Weinen, obwohl wir die Predigt bereits einmal in Luton gehört haben. Wir hören Clive Calver sprechen. Er bringt uns dazu, einen Brief zu schreiben. Wir hören Chris Bowater singen. Wir sind hingerissen.

Wir nehmen uns den Nachmittag frei und klettern den Hügel hinter Minehead hinauf, bis dorthin, wo Exmoor beginnt. Wir spielen zwischen den Bäumen mit den Kindern. Der Ort hat etwas so Verzaubertes an sich, als hätte ihn A. A. Milne erfunden. Tief unter uns erstreckt sich die See in alle Ewigkeit in die Ferne. Ich frage Gott, ob das hier einer der Orte sei, wo Seelen heil werden können. Er sagt: „Nun sei nicht sentimental, Plass. Genieße es einfach." Das tue ich.

Ich besuche die New International Variety Show. Stuart Penny ist der Gastgeber. Ich soll dort später weitere Auszüge aus meinem Tagebuch lesen. Zuerst aber hält Stuart Penny einen Kalauer-

Wettbewerb ab. Wer den ärgsten Kalauer erzählt, ist Sieger. Ein kleines Mädchen tritt ein. Sie klettert auf die Bühne hinauf. Man findet sie allgemein ganz entzückend. Jedermann sagt: „Aaach, ist sie nicht süß?" Stuart Penny hält das Mikrophon nah an den Mund des kleinen Mädchens. Sie sagt: „Warum haben die Römer so lange gerade Straßen gebaut?" Stuart Penny kennt den Witz noch nicht. Hätte er ihn gekannt, hätte er das süße kleine Mädchen wohl von der Bühne runtergeworfen. Statt dessen drehte er den Kopf hin und her und lächelte die Zuhörer an, als wolle er sagen: „Ist sie nicht goldig?" Er wendet sich an das kleine Mädchen und sagt: „Nun? Warum bauten die Römer so lange gerade Straßen?" Sie antwortet mit lauter klarer Stimme: „Damit nicht an jeder Ecke ein türkischer Laden eröffnet wird!"

All die guten Christen schauen bestürzt drein. Die anderen können nicht anders, sie müssen über die peinliche Situation lachen. Ich bin einer von diesen anderen. Stuart Penny weiß nicht, ob er lachen oder weinen soll.

Irgendwo im Zuschauerraum versuchen die Mama und der Papa des kleinen Mädchens, sich mit der Kante ihrer Parkscheiben die Kehle durchzuschneiden.

Jetzt bin ich dran, aus meinem Tagebuch zu lesen. Ich lese ein Stückchen. An einer entscheidenden Stelle finde ich die Seite nicht mehr. Die Zuhörer lachen lauter darüber, daß ich die Textseite nicht mehr finde, als über alles, was ich tatsächlich gelesen habe. Ich bin ihnen deswegen nicht böse. Ich vergebe ihnen von Herzen. Ein Glück, daß ich kein Maschinengewehr zur Hand habe!

Eines Abends gehe ich zu einer Feier. Ich sitze in der letzten Reihe. Ich sehe mich um. Eine Menge Männer sind anwesend, alle mit kurzem, säuberlich getrimmtem Haar und hoffnungsvollem Gesichtsausdruck. Ich sehe eine Menge Bärte. Ich trage einen Bart. Die meisten Frauen sehen aus, als hätten sie im Leben mehr gelitten als die Männer.

Ich frage Gott: „Sind das deine Heerscharen, Gott?"

Gott sagt: „Von Heerscharen weiß ich nichts, aber mein sind sie jedenfalls. Warum?"

Ich sage: „Sie sind ein bißchen komisch, meinst du nicht?"

Gott sagt: „Und du? Bist du vielleicht nicht ein bißchen komisch, Plass? Und doch nehme ich dich hin, oder nicht? Wenn *ich* die Leute hier liebe, dann tätest du auch gut daran. In Ordnung?"
Ich sage: „In Ordnung, Gott, ich werd's versuchen."
Spring Harvest begibt sich zur Ruhe, während ich mich nachher im Dunkeln auf den Weg mache. Ausnahmsweise fühle ich inneren Frieden.

Die Helden des Himmels

Dieser erste Besuch beim „Spring Harvest Festival" war sehr bedeutsam für mich. Es war der Anfang eines völlig neuen Lebensstils. Ich werde niemals die prickelnden Gefühle von Erregung und Furcht vergessen, die mich bei meinen ersten Erfahrungen mit öffentlichen Auftritten durchschauerten. Im darauffolgenden Jahr begann ich ein geradezu unerträgliches Vergnügen am Klang meiner eigenen Stimme zu finden, bis sich die Neuheit des „Bekanntseins" ein wenig erschöpft hatte. Allmählich richtete ich mich darauf ein, meinen Lebensunterhalt mit Kommunikation zu verdienen. Im Verlauf dieser Entwicklung begann ich zu lernen (und lerne bis heute), daß mein Schreiben und Reden seine Wurzeln in einer wirklichen Beziehung zu Gott und den Menschen haben muß – sonst habe ich nämlich nichts Wirkliches zu sagen. Ich habe auch zu verstehen begonnen, welche leidenschaftliche Anteilnahme Gott an seinem Volk, an Dingen und Situationen zeigt, die in den Augen der Welt – und zuweilen auch in den Augen der Kirche – klein und unbedeutend sein mögen.

Nehmen wir zum Beispiel letztes Jahr – vier Jahre nach meiner ersten Begegnung mit den „Killer-Kids". Ich arbeitete wieder einmal für Spring Harvest in Minehead und Skegness (hintereinander, nicht gleichzeitig!), und es gab ein paar neue Lektionen zu lernen.

Spring Harvest selbst hatte sich kaum verändert. Es war immer noch derselbe große Christenauftrieb, der Tausende aus allen Denominationen zusammenbrachte. Gemeinsam erfreute man sich an Gottesdiensten, Predigten und ganz einfach an ein paar Urlaubstagen. Wie üblich war das Schönste an dieser alljährlichen Extravaganz für mich, alte Freunde wiederzusehen, neue Freunde zu gewinnen und kostenlosen Kaffee in der Cafeteria für die Mitarbeiter zu trinken. Ich hatte unter anderem Gelegenheit, meine alte Freundschaft mit Andy Butcher aufzufrischen, dem früheren Herausgeber des Monatsmagazins „Family", der immer großartigere geistliche Erfahrungen macht, seit er mit JUGEND MIT EINER MISSION in Holland arbeitet. Das war ein freudiges Wiedersehen. Es war Andy, der seinerzeit den Vorschlag gemacht hatte, das „Tagebuch eines frommen Chaoten" abzudrucken, zuerst als Kolumne, aus der später jenes Buch wurde, das mein Leben so radikal veränderte.

Spring Harvest 1990 war noch größer und dramatischer als in den Jahren zuvor, vor allem während des Big Top-Gottesdienstes, zu dem sich jeden Tag riesige Menschenmengen einfanden.

Für mich waren jedoch drei ziemlich undramatische Ereignisse besonders bezeichnend für dieses Jahr. Der erste ereignete sich schon vor meiner Ankunft beim Festival.

Am Abend vor unserer Abreise besuchte ich ein Treffen in meiner eigenen Gemeinde, St. Mary's in Hailsham, das um etwa 19.30 Uhr begann. Als ich um 21.45 Uhr wieder herauskam, schüttete es wie aus Eimern.

Ich hatte weder Mantel noch Regenschirm dabei. Da bot mir Topsy an, in ihrem Taxi mitzufahren.

Topsy ist eine Dame in fortgeschrittenen Jahren, ein allseits beliebtes Mitglied unserer Gemeinde, die unter der Woche praktisch jedes Treffen besucht – trotz des Umstandes, daß sie schon recht gebrechlich ist und sich nur noch mühsam fortbewegen kann.

Sie ergriff meinen Arm, und wir schritten langsam über die Zufahrt der Kirche und auf das Taxi zu, das in einer Entfernung von etwa hundert Metern wartete. Mein bester Anzug wurde klatschnaß – und ich selbst auch.

Ich hätte die Entfernung in fünfzehn Sekunden geschafft. Ich weiß ja nicht, was Sie von der Vorstellung halten, daß Gott wirklich zu Menschen spricht, aber dann mußte ich lachen, als ich mir vorstellte, wie er sagte: „Pech gehabt, Plass, aber das ist das Äußerste, was du als Christ jemals erreichen wirst. Du wirst vermutlich nie wieder etwas Bedeutenderes tun als das hier – einschließlich deiner großartigen Auftritte bei Spring Harvest."

Das zweite ereignete sich am folgenden Tag, als ich bei Butlin's in Minehead ankam. Ich lernte dort ein Mädchen namens Anita Hydes kennen, das ebenfalls beim Festival mitwirkte, aber als „Jugendbetreuerin" – eine der schwierigsten und anspruchsvollsten Aufgaben, die es dort gab.

Ich war Anita vorher schon einmal ganz kurz begegnet, und ich wußte, daß sie die Heldin eines Buches mit dem Titel „Den Flammen entrissen" war, aber ich hatte niemals richtig Gelegenheit gehabt, mit ihr zu plaudern.

Anita hat ein sehr anziehendes Wesen, mit einem Lächeln, das ihr ganzes Gesicht aufleuchten läßt, aber ich habe selten jemand getroffen, der von vergangenem Elend und Kummer so grausam gezeichnet ist.

Anita wurde als kleines Mädchen sexuell mißbraucht, grausam mißhandelt und beschimpft. Mit fünfzehn begann sie Heroin zu spritzen und war die nächsten siebzehn Jahre lang drogenabhängig.

Sie wurde mehrmals wegen Drogenhandels verhaftet und zu Gefängnisstrafen verurteilt und war immer wieder in Gewaltverbrechen verwickelt, die sich meistens gegen die Polizei richteten.

Ende der siebziger Jahre wurde sie mit akuter Blutvergiftung ins Krankenhaus eingeliefert. Man nahm an, daß sie höchstens noch drei Tage zu leben hatte.

Anita wurde gerettet, und eine Freundin, die früher ebenfalls rauschgiftsüchtig gewesen und nun Christin war, nahm sie mit nach Hause, wo Anita die folgenden drei Jahre damit verbrachte, sich von den Auswirkungen der Drogen zu erholen. Während dieser Zeit übergab sie selbst ihr Leben Jesus.

Heute arbeitet Anita in einer Kaffeestube des CVJM und besucht regelmäßig Strafgefangene. Ihr besonderes Engagement gilt denjenigen, die dasselbe durchmachen wie sie selbst. Sie verwendet auch viel Zeit darauf, Briefe von Leuten zu beantworten, die von ihr gehört haben und selbst Hilfe oder Rat brauchen.

Ich verbringe ziemlich viel Zeit damit – ja, es ist gewissermaßen mein Beruf –, die Kirche herunterzuputzen. Aber niemals würde ich Gott dafür herunterputzen, was er für Anita getan hat. Ihre Geschichte ist einfach wunderbar.

Das dritte Ereignis war so bescheiden, daß man es eigentlich kaum bemerkte.

Am zweiten oder dritten Tag meines Aufenthalts in Minehead lernte ich ein junges Mädchen kennen, und sie erzählte mir, was ihr widerfahren war, nachdem sie die Narnia-Märchen von C. S. Lewis gelesen hatte. Die Bücher handeln von einer Gruppe von Kindern, die durch die Rückwand eines alten Garderobenschranks in eine andere Welt gelangen.

Sie war damals noch ein ziemlich kleines Mädchen gewesen, und die Geschichte hatte sie aufs höchste fasziniert.

Ohne irgend jemand Bescheid zu sagen, was sie vorhatte, kletterte sie in den Garderobenschrank ihrer Eltern, schloß die Türe und saß eine Stunde lang im Finstern – und wartete, daß der Zauber zu wirken beginne.

Diese simple kleine Anekdote berührte mich zutiefst. Wie viele andere Besucher dieses riesigen christlichen Treffens – Kinder und Erwachsene – hatten in ihren metaphorischen Garderobenschränken gesessen und darauf gewartet, daß der Zauber zu wirken begann?

Topsy, Anita und das kleine Mädchen im Garderobenschrank – das sind drei Menschen, die mich daran erinnerten, daß Gottes Zuwendung vor allem jenen Menschen gilt, die in den Augen der Welt nicht sonderlich wichtig sein mögen.

Wir sollten vielleicht öfter einmal darüber nachdenken – in einer christlichen Welt, die immer noch ihre Helden braucht.

116

Die Kunst, eine Niete zu sein

Als ich anfing, in der Öffentlichkeit bei christlichen Veranstaltungen zu sprechen, sah ich mich bald vor die Frage gestellt: Wie würde ich es mit der Ehrlichkeit halten? Wie wahrhaftig kann man überhaupt in einer Umgebung sein, wo es Tradition ist, daß der Typ da vorn das Heiligmäßigste ist, das du dir nur vorstellen kannst? Skrupellose Offenheit kann sehr merkwürdige Auswirkungen auf christliche Gruppen haben, die von ihrem Vortragsreisenden erwarten, daß sie sie in eine vertraute Schublade einordnen können – eine aus einer sehr beschränkten Anzahl verfügbarer Schubladen.

Eines Tages sprach ich in einem bis zum letzten Platz besetzten Wohnzimmer vor einer Gruppe Kirchenmitglieder aus dem Ort, die sehr unterschiedlich zusammengesetzt war, was Alter und Kirchenzugehörigkeit anging. Am Schluß der ziemlich langen Sitzung, während der ich meine eigenen Schwächen recht drastisch geschildert hatte, hörte ich zufällig ein kurzes Gespräch zwischen einer Mutter und ihrem zehnjährigen Sohn mit.

„Nun", sagte die Mutter, „wie findest du ihn?"

Der Junge überlegte einen Augenblick lang, dann antwortete er.

„Ach, eigentlich ganz nett – gar nicht wie ein Christ."

Ich bin überzeugt, der Junge wollte damit keineswegs sagen, alle früheren Redner seien *nicht* nett gewesen. Er meinte wohl eher, meine Art zu reden und meine Themenwahl hätten nicht ganz in die gewohnte Schublade gepaßt.

Eines ist sicher: Seit den Anfangszeiten meiner eigenen christlichen Erfahrung bemerkte ich – und bemerke es auch heute noch –, daß viele Prediger und „berufsmäßige Christen" Probleme anscheinend nur in der Vergangenheit kennengelernt haben. Sobald sie oben auf der Kanzel oder hinter dem Mikrophon stehen, ist alles fein säuberlich geordnet, gereinigt und in neunzig brillanten Lehrsätzen zusammengefaßt zugunsten derer, die noch im Kampf stehen. Das kann auf Leute wie mich eine ziemlich einschüchternde Wirkung haben, die sich beständig mit einer unbotmäßigen Horde von Sorgen, schlechten Angewohnheiten, Schwächen und

117

wie Fliegenleim klebender Verantwortung herumschlagen müssen. Gewiß, ich brauche die Führung und die Weisheit anderer, um mit diesen Dingen fertigzuwerden, aber es ist so viel leichter, Hilfe von jemand anzunehmen, der neben dir herpilgert, als von einem, der bereits auf der höchsten Bergspitze steht und aus dieser erhabenen Höhe herab seine Ratschläge erteilt.

Ja, die Unverletzlichkeit dessen, der am Rednerpult steht, ist eine feine Sache. Ich weiß allerdings, wie sie zustandekommt. Wenn du da draußen vor einer Kirche voller Christen stehst, dann scheint plötzlich irgend etwas aufzutauchen, das von dir verlangt, daß deine Spiritualität sich mit einem Schlag vervielfacht.

Gegenwärtiges Elend und gegenwärtige Verwirrung hören sich dann nicht gerade nach einer guten Reklame für Gott an. Ein behaglicher Rückblick auf überstandene Schwierigkeiten dagegen umhüllt dich, den Redner, mit einer erfreulichen Aura und überzeugt den Zuhörer, du wärst auf eine sehr anziehende Weise verletzlich und offenherzig – was natürlich ein Irrtum ist.

Oft fühle ich mich innerlich wie zerrissen, wenn ich mich hinsetze, um einen Zeitungsartikel zu schreiben oder einen Vortrag vorzubereiten. Da hat es z. B. in den letzten vierundzwanzig Stunden Familienkrach gegeben, und dementsprechend fühle ich mich erschöpft, unzulänglich und ein geistlicher Schleimklecks. Ist es richtig, wenn ich den Leser oder Zuhörer dann an solchen negativen Erlebnissen teilhaben lasse? Manche Leute würden entschieden nein sagen.

Ein führender Evangelikaler erklärte kürzlich, die gegenwärtige Mode, offen über die Schwierigkeiten in unserem christlichen Leben zu sprechen, sei nicht unbedingt hilfreich oder wünschenswert. Die Bibel verspricht uns den Sieg, und Sieg sollten wir auch predigen.

Nun, ich kann diesen Standpunkt verstehen. Ich bin auch begeistert von Predigern und Schriftstellern, die es verstehen, auf eine praktische, hilfreiche und liebevolle Art den Weg zum Sieg zu weisen, aber – um mit einem Kreischen des grammatischen Getriebes die Metapher zu wechseln – ich habe auch einiges dafür übrig, ab und zu öffentlich schmutzige Wäsche zu waschen.

Die meisten Christen, die ich gut kenne – ich hätte fast gesagt, *alle*, aber vielleicht habe ich irgendeinen Ausbund an Tugend übersehen –, machen Fehler, stehen mit dem falschen Fuß zuerst auf, begehen Sünden, erhalten Vergebung, geraten in Verwirrung, lesen die Bibel, hören auf mit Bibellesen, beten, beten nicht, fühlen sich voll Freude, fühlen sich abscheulich, kosten den Vorgeschmack des Himmels und fallen in tiefste Verzweiflung.

Christ zu sein, ist ein harter Job, der Nerven kostet und nur gelegentlich vom strahlenden Licht der Wahrheit erhellt wird. Manche Leute haben das Gefühl, sie müßten ihr Zeugnisgeben gewissermaßen einfrieren, wenn sie in einem Tief sind, und damit warten, bis sie wieder den Durchbruch in ein wärmeres moralisches oder geistliches Klima geschafft haben. Das stimmt mich traurig.

Man nannte mir einmal ein Beispiel: Eine Krankenhausstation.

Ich betrete also diese hypothetische Station und stoße gleich hinter der Türe auf ein Bett mit einem Patienten, der von Kopf bis Fuß in Bandagen gewickelt ist. Man sieht deutlich, daß er irgendeinen gräßlichen Unfall erlitten hat und eben erst eingeliefert worden ist.

Er schafft es, mir durch den Mundschlitz zwischen seinen Verbänden zuzuflüstern, daß er weder das Krankenhaus noch den Arzt kennt. Er ist einfach froh, daß er nicht auf der Straße liegt.

Etwas weiter im Inneren der Station begegne ich einem weiteren Patienten. Er ist ebenfalls schwer krank, aber bereits auf dem Wege der Besserung. Er spricht herzlich über die medizinische Fürsorge, die ihm zuteil wurde, und vor allem über den Arzt, der sich um ihn gekümmert hat.

„Die Leute, die schon lange hier sind", erklärt er, „sagen mir, er sei großartig, und allmählich glaube ich, daß sie recht haben."

Ganz hinten auf der Station sitzt ein gesund aussehender Mann mit glänzenden Augen im Bett. Er lächelt glücklich und spricht begeistert vom leitenden Arzt.

„Er ist einfach wundervoll!" schwärmt er. „Ich bin vollkommen gesund!"

Im allerletzten Bett liegt ein völlig mit Verbänden umwickeltes Unfallopfer, genau wie der Mann im ersten Bett. Ich beuge mich über ihn, um zu hören, was er zu sagen hat.

„Das ist schon das fünfte Mal", flüstert er. „Ich hab dauernd diese verflixten Unfälle! Selber schuld, wenn ich ehrlich bin, aber der Doktor ist super! Kriegt mich jedesmal wieder auf die Beine. Bin bloß froh, daß ich die Kosten nicht selber zahlen muß!"

Es wäre sehr merkwürdig, wenn der Mann im ersten Bett so begeistert redete wie der Geheilte im dritten Bett.

Genauso merkwürdig wäre es, wenn der Mann im letzten Bett sich nicht begeistert über den Arzt äußerte, der ihn immer wieder gesundgemacht hat.

Und das ist wohl der springende Punkt. Wir sollen nicht uns selbst bezeugen, sondern Jesus. Wenn wir (geistlich gesprochen) blanke Augen und ein glänzendes Fellchen haben, wird aus unseren Worten Licht und Leben klingen. Wenn wir uns aber so mies fühlen, wie ich mich manchmal fühle – dann wollen wir nur sagen, mit schwacher, aber hoffnungsvoller Stimme, daß er uns schon früher aus der grausigen Grube gezogen hat und uns wieder herausziehen wird.

Die Wahrheit ist ein machtvolles Zeugnis.

Verfehlte Selbsteinschätzung

Fast unmerklich hat sich in gewissen Bereichen der Kirche ein kurioser Prozeß vollzogen. Bestimmte Worte und Phrasen werden dabei als Deckmantel menschlichen Versagens benützt; sie werden in den Dienst der Selbsttäuschung gestellt.

Nehmen Sie zum Beispiel jene sattsam bekannte Situation, wenn kirchliche Theateraufführungen oder evangelistische Veranstaltungen nur einen winzigen Bruchteil der erhofften Zuhörermengen anziehen.

„Nun", sagt dann garantiert irgend jemand mit wissendem Lächeln, „der Herr hat diejenigen hierhergebracht, die er hier haben wollte."

In lockerer Übersetzung bedeutet das: Entweder war die Werbung alles andere als zufriedenstellend, oder das ganze Konzept war von vornherein zum Scheitern verurteilt, oder die Einwohner der Umgebung wissen bereits, auf welchem Niveau sich diese Darbietungen bewegen.

Hinter dieser Art von doppelbödigem Denken steckt keinerlei unheilvolle Absicht. Wir haben hier einfach eine Methode entwikkelt, die uns erfolgreich davor bewahrt, unseren eigenen Unzulänglichkeiten ins Auge blicken zu müssen.

Ein weiteres – und vermutlich noch viel weiter verbreitetes – Beispiel für diese Denkweise ist das Wort „Dienst". Vor einiger Zeit rief mich ein Mann an, um mir gewisse gewinnträchtige Vorschläge zu unterbreiten. Er schien so etwas wie ein christlicher Unternehmensberater von eigenen Gnaden zu sein. Seine Vorschläge waren jedenfalls im höchsten Grade extravagant.

„Sie können doch bestimmt immer ein bißchen extra Kleingeld für Ihren Dienst brauchen, oder nicht?" fragte er.

„Mein Dienst?" forschte ich nach. „Was meinen Sie damit – mein Dienst?"

„Nun – Ihr Dienst eben, Sie wissen schon."

„Aber", sagte ich, „mein Dienst besteht hauptsächlich darin, für meine Familie zu sorgen."

„Ja, ja, gewiß, wie ich sagte!" antwortete er. „Ihre Familie – Ihr Dienst – nennen Sie es, wie Sie wollen. Jedenfalls können Sie doch bestimmt immer ein wenig extra Klimpergeld brauchen."

Ich persönlich bin der Meinung, daß es ein ebenso wertvoller Dienst sein kann, auf dem Markt Kohlköpfe zu verkaufen, wie vor tausenden Zuhörern zu predigen. Aber wir machen uns im allgemeinen eine ziemlich verzerrte Vorstellung von dem Konzept, das hinter dem Wort „Dienst" steckt, fürchte ich.

Die folgenden Verse sind ein Versuch, die Probleme auf diesem Gebiet in Worte zu fassen – wie wir sie erleben, wir Vortragenden und Prediger, die gewohnheitsmäßig vor christlichem Publikum auftreten – äh, ich meine, zu christlichen Versammlungen sprechen:

Ich hätte gerne einen Dienst.
Wär gern ein Gottesmann.

Ich seh, wer krumme Beine hat
und rühr sie heilend an.
Ich spreche gern geheimnisvoll
mit düster-dunklem Klang.
Das Volk gebärdet sich wie toll
und betet nächtelang.

Ich hätte gern ein kleines Team
nicht mehr als drei – nun, vier –
das nur zwei höchsten Herren dient:
dem lieben Gott und mir.
Sie putzen meine Seele blank
bis alles blitzt und blinkt
und achten, daß beim Buchverkauf
das Geld im Kasten klingt.

Ich spräche gerne ein Gebet
für einen toten Mann
und säh mir an, ob wirklich er
dann wieder aufstehn kann.
Ich schick euch meinen Bettelbrief
auf prächtigem Papier
und sage euch: „Gott segne euch!
Wer Geld hat, schick es mir!"

Ich wär' gern ein bescheidner Star
in unsrer Christenwelt
und leitete ein Seminar
in einem nassen Zelt.

Ich hätte gerne einen Dienst.
Wär gern ein Gottesmann.
In einem bin ich mir gewiß:
Gott hat schon einen Plan.
Im Ernst! Ich möchte einen Dienst.
Ich wär' sofort dabei
nähm Gott mir nur noch heute ab
die Alltagsplackerei.

Die christliche Welt ist immer noch ein sehr kleiner Teich. Musiker, Redner und Entertainer können leicht zu großen Fischen werden, solange sie nicht den Fehler begehen, in den gewaltigen säkularen Ozean hinauszuschwimmen, wo im Handumdrehen aus einem Wal eine Sprotte wird. Nur sehr wenige von den Leuten, die als „Berühmtheiten" auf christlichem Gebiet anfingen, schaffen diesen Sprung. Das Dasein eines „berühmten Christen" hat überdies seine ganz speziellen eingebauten Fußangeln, und die lauern auch auf diejenigen, die das Publikum solcher Berühmtheiten stellen.

Eine meiner abscheulichsten Erinnerungen betrifft einen Zwischenfall bei einem großen christlichen Festival im Westen Englands. Der Gottesdienst sollte eben beginnen, und es waren an die tausend Leute da. Der Leiter der Versammlung, ein ziemlich exaltierter Zeitgenosse, trat ans Mikrophon und gab folgende Begrüßung von sich:

„Ich wollte euch nur sagen, Leute, wenn ihr dort hinüberschaut" – er deutet mit der Hand –, „dann seht ihr zwei Leute, die ihr alle gut kennt" – er nannte zwei berühmte Christen mit Namen –, „und ich wollte euch einfach nur sagen, wie ich es einfach großartig finde, daß sie da mitten unter euch allen sitzen, als wären sie ganz gewöhnliche Leute. Ich bitte um einen kräftigen Applaus für sie –!"

Ich bin sicher, diesen beiden Leuten war genauso elend zumute, wie es mir gewesen wäre, hätte man mir dafür applaudiert, daß ich mich „zu den gewöhnlichen Leuten" setzte. Wir wissen zwar theoretisch, daß es im Reich Gottes *nur* gewöhnliche Leute gibt, aber die Vorstellung ist nicht auszurotten, daß einige es weiter gebracht haben als andere und daher auf irgendeine Weise von hervorragender Bedeutung sind.

Vor einigen Jahren fuhr ich ziemlich weit hinauf in den Norden von England, um in einer großen, modernen anglikanischen Kirche einen Vortrag zu halten. Mehrere Redner waren für diesen Abend eingeladen worden, aber wie es sich schickte, traf ich bereits am frühen Nachmittag als erster dort ein. Es gibt wohl wenig Trostloseres auf der Welt als eine verlassene Kirche an einem nebeligen Nachmittag. Ich schlurfte niedergeschlagen an öden Ziegelmauern entlang und suchte verzweifelt nach einer unverschlossenen Türe.

Nachdem ich fast den gesamten Gebäudekomplex umrundet hatte, entdeckte ich tatsächlich eine Türe, die sich in den Angeln knirschend öffnete, als ich die Klinke herunterdrückte. Ich fand mich in einem engen Korridor, von dem links und rechts je ein Türchen abging. Ich stellte meinen bewährten blauen Koffer ab und überlegte einen Augenblick lang. Welcher Türe sollte ich den Vorzug geben?

Das Klappern einer Schreibmaschine hinter der rechten Türe half mir, eine Entscheidung zu treffen. Ich stieß die Schwingtüre auf und spähte in einen Raum, den ich seinem Aussehen nach für das Pfarrbüro hielt. Am Schreibtisch beim Fenster saß eine Dame, die mich ingrimmig betrachtete, während sie ihr Tippen unterbrach und ihre Brille abnahm. Hinter ihr an der Wand hing ein Plakat mit der Ankündigung der Veranstaltung, die in wenigen Stunden beginnen sollte. Es zeigte eine ziemlich grobe Karikatur meines Gesichts. Ich hasse Karikaturen.

„Ja?" fragte die Sekretärin. Ihr Ton war scharf wie ein frischgeschliffenes Rasiermesser.

„Äh, nun ja", stammelte ich eingeschüchtert, „ich kam wegen . . . ich meine, ich soll teilnehmen – ich bin – äh – heute abend –"

„Sie sind zu früh dran! Wir haben niemand vor – nun, frühestens vier Uhr erwartet."

„Ja, ich weiß." Ich krümmte mich wie ein Wurm. „Es tut mir sehr leid, aber mein Zug – er – nun, er kam gewissermaßen so früh an – und, äh, hier bin ich. Ich möchte nur fragen, ob es hier ein Zimmer gibt, wo ich . . . nun, einfach warten kann?"

„Zur Türe hinaus, auf der anderen Seite des Korridors", schnauzte die Dame mich an, entließ mich mit einer brüsken Handbewegung und setzte gleichzeitig ihre Brille wieder auf. „Ich glaube, das ist der Raum, der den Rednern zugewiesen wurde."

Das Klappern begann von neuem. Kein Zweifel: Die Audienz war beendet. Ich zog mich zurück und gab mir Mühe, die Türe leise zu schließen. Ich hatte schließlich keine Lust, noch einmal eins auf die Schnauze zu kriegen.

Wenigstens hatte sie mich nicht erkannt.

In meiner Anfangszeit als Autor und Redner hatte mich jedesmal ein intensiver Schauder innerer Bewegung durchrieselt, so oft irgend jemand mit den Worten an mich herantrat: „Verzeihung, sind Sie nicht . . .“

Im Lauf der Zeit begannen jedoch die Nachteile des Erkanntwerdens immer deutlicher hervorzutreten. Wenn Sie beispielsweise gerade dabei sind – und zwar ausgerechnet auf dem Festgelände eines christlichen Festivals –, Ihr Kind wie ein Verrückter anzubrüllen, dann kommt es Ihnen äußerst ungelegen, wenn irgend jemand plötzlich fragt: „Verzeihung, sind Sie nicht . . .?“ Außerdem nimmt meine Stimme immer einen komischen Ton an – eine Art geschlechtsloses Blöken –, wenn mich irgend jemand nach meinen Büchern oder sonst nach irgend etwas in Zusammenhang mit meiner Arbeit fragt.

Was dann geschah – eine halbe Stunde, nachdem man mich in mein Kämmerchen geschickt hatte –, war noch viel schwerer zu akzeptieren. Ich war gerade auf dem Teakmöbel, das mir als Ruhestatt dienen mußte, sanft entschlummert, als diskret an der Türe geklopft wurde und meine liebe Freundin, die Sekretariatsdame, eintrat. Diesmal trug sie einen ganz anderen, neckisch entschuldigenden Ausdruck auf dem Gesicht. Ich kam zu dem Schluß, daß sie inzwischen das Plakat auf der Wand hinter ihrem Schreibtisch entdeckt hatte.

„Es tut mir furchtbar leid“, sagte sie und fügte dann die unsterblichen Worte hinzu: „Ich wußte nicht, wer Sie sind.“

Mitglieder jenes kleinen Trüppchens von Getreuen, die furchtlos den Kampf mit meiner Prosa aufnehmen, wissen, daß meine größte Schwäche die Höflichkeit ist. Diesmal überwand ich sie.

„Wenn Sie es genau wissen wollen“, sagte ich, „dann bin ich ganz genau derselbe Mann, der ich bei unserer ersten Begegnung auch war.“

Natürlich wußte ich, was sie meinte, und es ist mir selber auch schon passiert, aber wie leicht tappt man in diese Falle! Wir legen zwar pausenlos Lippenbekenntnisse ab, daß es *keine* unwichtigen Leute im Reich Gottes gibt und wir daher gänzlich ohne Ansehen der Person handeln sollen, aber wie schwierig ist es, das auch angesichts alltäglicher menschlicher Begegnungen durchzuhalten! Unsere Erziehung hat uns gelehrt, nach menschlichen Kriterien zu urteilen, und so sind wir blind dafür, daß jeder einzelne Mensch in der Familie Gottes eine Hauptrolle spielt. Es gibt dort keine „Statisten".

Mutter Teresa sagt, sie sähe Christus in jedem kranken oder verhungernden Bettler, dem sie und ihre Mitschwestern zu helfen versuchen. Ich hoffe, ich kann von ihr lernen. Es wäre scheußlich, am Ende meines Lebens Jesus ins Gesicht sehen zu müssen und in ihm die Züge irgendeiner bescheidenen Seele zu erkennen, die ich als völlig unbedeutend fortgeschickt hatte, und dann sagen zu müssen: „Es tut mir leid, ich wußte nicht, wer du bist . . ."

Wer schrieb das Drehbuch?

Vor einiger Zeit sah ich mir eine unserer beliebten Seifenopern im Fernsehen an. Ungefähr in der Mitte dieser volkstümlichen Sendung richtete eine der Personen der Handlung – ein Mädchen mit langem blondem Haar und ziemlich einfältigen Augen – den Blick geradewegs in die Kamera und sagte mit einer Stimme, die von gekünstelter Leidenschaft bebte: „Ich verstehe nicht, was mit mir los ist. Ich bin nicht mehr dieselbe. Warum habe ich mich verändert?"

„Aus folgendem Grund, meine Süße", antwortete ich, während ich mich bequem auf dem Sofa zurücklehnte, ein Pepsi light in einer Hand und einen üppig gefüllten Cremekrapfen in der anderen, und sie mit wissenden Blicken betrachtete. „Die Drehbuchautoren haben verordnet, daß es so geschehe."

„Du bist in Seife gefangen, und Seife wäscht alle dunklen Flecken hinweg. Trauma triumphiert! Dein Schicksal liegt nicht in deiner Hand."

Ebenda kam meine Frau ins Zimmer und fragte mich – in dem Tonfall, den man einem gefährlichen Irren gegenüber anschlägt –, warum ich mich mit dem Fernsehgerät unterhielte.

Ich lieferte ihr eine Erklärung, die ziemlich umfangreich ausfiel, denn allmählich erwärmte ich mich für das Thema.

Stellen Sie sich doch nur einmal vor, lieber Leser, in welcher seltsamen und schrecklichen Welt die Charaktere dieser Seifenopern leben! Grott und Scarlene, die beiden Hauptdarsteller dieser Serie, sind bereits seit einer ganzen Anzahl von Episoden glücklich verheiratet und einander treu. Aber nun halten sie einander umschlungen wie verängstigte Kinder, von namenloser Furcht erfüllt – irgendwo in dem schattenverhangenen Hinterland, in dem solche Gestalten die Zeit zwischen den einzelnen Sendefolgen verbringen.

Scarlene krampft die Finger um ein tränenfleckiges Manuskript.

„Sie zwingen mich, mich in der nächsten Folge in einen anderen Mann zu verlieben!" schluchzt sie. „Oh, Grott, wie soll ich das ertragen? Es stellt sich heraus, daß ich die ganze Zeit über oberflächlich und herzlos war!"

„Was!" schreit Grott auf, während er sie noch enger an sich preßt, „trotz dieser Szene an Diphnes Sterbebett, wo aus dem Dialog ganz klar hervorging, daß du eine zutiefst integre Person voll warmer, mitfühlender menschlicher Reife bist?"

„Ja, Grott, ich bin nichts weiter als ein billiges kleines Flittchen!"

Ein erschreckender Gedanke durchzuckt Grott. „Was ist mit mir, Scarlene? Wie reagiere ich?"

Sie umklammert das zerknitterte Skript noch fester. „Ich wage nicht, es dir zu sagen, Grott!" jammert sie.

„Sag es mir, Scarlene! Es wäre mir lieber, es aus deinem Munde zu hören."

Sie läßt den Kopf hängen und spricht die Worte in angespanntem Flüstern aus. „Du bist drei Folgen lang deprimiert, und dann akzeptierst du, daß du im Grunde schwul bist und verliebst dich in meinen Bruder Harry."

„Schwul!" schreit Grott. „Was ist dann mit all dem vielsagenden Blinzeln und Lächeln, das sie uns vorgeschrieben haben, so oft wir einander gute Nacht sagten? Wie kann ich da schwul sein?"

„Du warst immer schon schwul, ohne dir dessen bewußt zu sein", erklärt Scarlene, „und mein Seitensprung enthüllt dir zuletzt, was du im tiefsten Herzen schon immer gewußt hast. Oh, Grott, laß uns fortlaufen, weit weg, wo sie uns nicht zwingen können, irgend etwas zu tun oder zu sagen!"

„Das können wir nicht, Scarlene", sagte Grott traurig und hebt ihr Gesichtchen hoch, um ihr einen Abschiedskuß auf die Lippen zu drücken, „wir sind nur die Personen der Handlung einer Seifenoper – wir existieren gar nicht wirklich. Oh, Scarlene . . .!"

„Oh, Grott . . .!"

„Ich kann mir nicht den ganzen Tag dein dummes Geschwätz anhören", unterbrach mich meine Frau (mit der üblichen ehrfürchtigen Bewunderung für meine Gedankengänge). „Ich hab' zu arbeiten."

„Ja, aber was ich damit sagen will –"

Weg war sie.

Was ich noch hatte sagen wollen (wenn es Ihnen nichts ausmacht, daß ich es Ihnen erzähle statt ihr): Ein plötzlicher kalter Schauder durchrieselte mich, als ich an die dämliche Szene dachte, die ich soeben beschrieben habe.

Irgend etwas daran beunruhigte mich. Die Vorstellung, wie eine Marionette zu leben, während irgendeine Macht außerhalb meiner selbst die Fäden zieht, das Drehbuch schreibt, mich dazu zwingt, Dinge zu tun, die albern und böse sind, ob ich will oder nicht – bei dem Gedanken schrillten alle Alarmsirenen in mir. Und auch heute noch klingeln sie ein wenig, aber längst nicht mehr so laut.

Das Alarmierende daran ist, daß viele von uns – und zeitweilig gehöre ich auch zu diesen vielen – sich ganz gerne in einer solchen hilflosen, außengesteuerten Lage befinden, trotz der subtilen, unterschwelligen Schrecknisse, die darin lauern. Liegt es daran, daß die Angst vor Freiheit und verantwortlicher Entscheidung noch viel größer ist? Vielleicht würden sich mehr Menschen von einem roboterhaften Christsein angezogen fühlen, das einfach die Programmierung ändert und uns mittels Fernbedienung in den Himmel steuerte. Warum sollten wir uns vor der Freiheit fürchten?

Als ich noch in der Jugendhilfe arbeitete, stieß ich ziemlich häufig auf dieses Problem. Es war immer die Ursache einer unglaublichen Frustration bei den Sozialarbeitern, die ihr Bestes taten, den ihnen Anvertrauten zu helfen. Viele Kinder, die in ihren frühen Jahren Grauenhaftes durchlitten hatten und später lange Zeit in Heimen gelebt hatten, sehnten sich verzweifelt nach Pflegeeltern, die ihnen das liebevolle, entspannte „Nest" bieten würden, von dem sie träumten. Sozialarbeiter und Kind gaben sich beide große Mühe, sich auf diesen Schritt vorzubereiten, sie stellten eine Biographie zusammen, machten Besuche bei den zukünftigen Pflegeeltern und kämpften sich durch alle die langwierigen Beratungsgespräche, die von Amts wegen angeordnet waren.

Es war sehr schwierig für die Sozialarbeiter (vor allem für die unerfahrenen) zu verstehen, warum es bei so vielen Kindern den Anschein hatte, als sabotierten sie ganz bewußt eben jenes Unterfangen, das sie sich so sehr ersehnt hatten, besonders dann, wenn sie das Ziel fast schon erreicht hatten. Einer der Jungen versuchte einmal, es mir zu erklären.

„Nicht, daß du es nicht willst", sagte er, „und es ist auch nicht so, daß du nicht aufgeregt und dankbar und all das wärest – es ist bloß so, daß du plötzlich Angst kriegst und du denkst, du wirst sowieso Mist bauen, wie alle anderen auch immer Mist gebaut haben, also siehst du zu, daß du gleich alles vermurkst, dann hast du's hinter dir."

„Aber wovor hast du denn solche Angst?" fragte ich.

„In einer Familie zu sein", sagte er, „und nicht zu wissen, was du tun oder sagen sollst. Nicht zu wissen, ob sie bloß so tun, als hätten sie dich gern, oder ob sie's wirklich tun. Außerdem", fügte er hinzu, „ist es einfach leichter, in einem Heim zu leben, mit all den anderen Kids und den Mitarbeitern und so . . ."

Wie so viele von denen, die sich danach sehnen, zu Gottes Familie zu gehören, war er nicht imstande, alles auf die Realität der Liebe zu setzen. Lieber das spirituelle Schattendasein vertrauter Alltagsexistenz als riskante Begegnungen mit einem Gott, der dann vielleicht nicht so liebevoll und vergebungsbereit oder verständnisvoll ist, wie seine Public-Relations-Abteilung behauptet.

Man findet die Wahrheit nur heraus, indem man es ausprobiert, und es ist ein schreckliches Schicksal, für immer in des Teufels Seifenoper eine Rolle spielen zu müssen. Ich bin froh, daß ich da ausgestiegen bin.

Das Geheimnis des Westflügels

Mir gefallen die meisten Fernsehsendungen, aber die Nachrichtensendungen beunruhigen mich manchmal. Das alte Klischee „Keine Nachrichten sind gute Nachrichten" ist fast hundertprozentig richtig. Gelegentlich hängt man an eine lange Liste des Jammers eine amüsante Anekdote an (wenn noch eine Minute Sendezeit ausgefüllt werden muß), aber der Großteil der Informationen, die man uns via Bildschirm verabreicht, ist erschreckend und deprimierend. Eine Auswahl der schlimmsten Ereignisse in aller Welt wird uns in einer zehn bis dreißig Minuten langen Fernsehsendung komprimiert vorgesetzt. Meine Kinder wachsen damit auf, daß ihnen Tod und Katastrophen unverhältnismäßig häufig und drastisch vor Augen gemalt werden. Sie schlendern durch ein stilles Städtchen in East Sussex, und der Krieg im Nahen Osten widerhallt in ihren Köpfen. Sie gehen zur Schule, während ihr Unterbewußtsein unter den Meldungen von Vergewaltigung und Mord erzittert. Die Realität von Straßenschlachten verfolgt sie auf ihrem Weg durch die geschäftigen Gäßchen. Sie haben von all dem gehört, aber nichts davon wirklich erlebt. Ich möchte nicht, daß sie von diesen Dingen nichts wissen, aber ich meine, es gäbe auch eine ausgewogenere Sicht der Welt.

Meine eigene Reaktion auf diese Horrorstories des wirklichen Lebens ist komplexer und vielleicht noch beunruhigender. Terroranschläge in Nordirland, brutale Gewalttaten bei einem Fußballspiel, eine Frau wird ermordet, als sie auf der Autobahn eine Panne hat, jemand wird im Verlauf eines unbedeutenden Streits vor einen fahrenden Lastwagen gestoßen – groteske Ereignisse dieser Art erwecken in mir eine Reaktion, die nicht nur Empörung, Entrüstung und all die anderen Gefühle hervorruft, die man zu erwarten gelernt hat. Sie erzeugt auch – und das ängstigt mich – eine Art Echo.

Eines Abends sah ich mir im Fernsehen an, wie ein brutal aussehender Fußballrowdy irgend etwas Angriffslustiges in die Fernsehkamera grunzte. Ich wandte mich meiner Frau zu und sagte: „Sie sollten den Kerl ins nächste Kanalloch werfen und den Deckel draufwuchten!"

Noch während ich so redete, wurde mir klar, daß diese absurde Antwort (die mich an Supermanns Sprüche erinnerte) nichts weiter war als ein Teil meiner Strategie, mit einer tiefsitzenden kalten Furcht fertigzuwerden, die sich auf Dauer in meinen Eingeweiden eingenistet hat. Ich glaube, es ist nicht so sehr die Furcht vor einer Gewalttätigkeit, die mich direkt betreffen könnte (obwohl ich es genauso wenig schätze wie Sie, ein Bleirohr über den Schädel zu kriegen), sondern eher Furcht davor, mich mit in den gewalttätigen Impulsen auseinanderzusetzen, die *in mir* – und, wie ich vermute, auch in anderen Leuten – existent sind. Ich empfinde Widerwillen dagegen, mich mit meinem eigenen wachsenden Bewußtsein dafür auseinanderzusetzen, daß etwas Dunkles und Gefährliches allmählich durch die Schale meines sogenannten zivilisierten Verhaltens bricht. Vor allem, weil meine persönliche Definition für zivilisiertes Verhalten lautet: „Eine Übereinkunft, den Eindruck zu erwecken, als seien wir nicht unzivilisiert."

Ich stehe wohl nicht allein mit der Annahme, daß unsere gegenwärtige Gesetzgebung und Polizeiarbeit diese Symptome moralischer Verwilderung nicht mehr hinreichend im Zaum halten können – jedenfalls nicht mehr hinreichend genug, um mich zufriedenzustellen. Die Finsternis läßt sich nicht – was uns zweifellos sehr gelegen käme – irgendeiner im tiefsten Untergrund lebenden Subkultur zuweisen. Sie ist zumindest potentiell in uns allen vorhanden und – in Übereinstimmung mit einem Kreislauf, den menschliche Gesellschaftsordnungen niemals erfolgreich durchbrochen haben – beginnt sie das Leben in diesem Land in besorgniserregendem Ausmaß zu beeinflussen.

Aber vielleicht geht sie ja von selber weg, wenn wir sie nur entschlossen genug ignorieren?

Als Teenager pflegte ich – was sich als unklug erwies – verschiedene Sammlungen sogenannter „Horrorstories" zu lesen. Es gab eine Zeit, da war ich geradezu süchtig auf sie, vor allem auf die viktorianischen „gothics" voll schwachem Lampenlicht, voll Schatten und Verzweiflung. Ein Thema, das in diesen düsteren Erzählungen wiederholt auftauchte, war die Geschichte vom wahnsinnigen ältesten Sohn, der eingeschlossen in einem abgelegenen

Turmzimmer am entferntesten Ende des Westflügels lebte, eingesperrt von seiner peinlich berührten oder wohlmeinenden Familie,
gefüttert und getränkt von einem greisen Familienfaktotum und
sehr geneigt, um Mitternacht ein grausiges Geheul auszustoßen
und einen ahnungslosen Gast des Hauses um den Schlaf zu bringen.

Diese Familien hätten sich höchst unangenehmen Problemen
gegenübergesehen, hätte irgendein gelangweiltes und vielleicht un-
glückliches Familienmitglied beschlossen, daß es für einen Irren
weitaus aufregender sein müßte, frei herumzustreifen, als die Monotonie und die Einschränkungen zu ertragen, die ihm der Rest
der Familie auferlegt hatte. Wenn er nur wüßte, wo man den
Schlüssel zum Turmzimmer aufbewahrt, und davon Gebrauch
machte, dann könnte die Hölle losbrechen . . .

Das dunkle und gefährliche Geheimnis verschwindet nicht von
selbst, und natürlich müssen wir uns mit seinen Manifestationen
auf einer praktischen Ebene auseinandersetzen. Ich bin gewiß der
erste, der Beifall klatscht, wenn kurzfristige Lösungen gefunden
werden, die die politischen und sozialen Strukturen und damit
auch die ethische Gesundheit unserer Gesellschaft verbessern.

Ich habe nicht den geringsten Zweifel daran, daß die Polizei ihre
Arbeit weiterhin tun muß, und zwar so gut sie kann. Chaos ist keine
erfreuliche Aussicht. Vielleicht werden Veränderungen im sozialen
und politischen Klima tatsächlich manche Leute zu sozial akzepta-
bleren Aktivitäten animieren, als Fußballrandale und andere Arten
stumpfsinniger Gewalttätigkeit es sind. Vielleicht können intensive
Bemühungen öffentlicher Körperschaften helfen. Ich hoffe es.

Aber ich denke da auch an G. K. Chestertons Bemerkung, daß
man bei einem, der seine Frau mit dem Feuerhaken verprügelt,
nicht von einem „Feuerhakenproblem" sprechen kann. Ebenso ist
Fußballrandale nicht einfach nur ein „Alkoholproblem" oder Dro-
gensucht nur ein „Drogenproblem". Das alles sind *menschliche*
Probleme, und sie existieren, wenn auch vielleicht nur in verkürzter
Form, in uns allen.

Eine wirkliche Veränderung jedes einzelnen von uns macht es
erforderlich, daß wir diesen dunklen geheimen Ort in unserer eige-

nen Persönlichkeit mutig und entschlossen zur Kenntnis nehmen. Sie macht es erforderlich, daß wir persönliche Umbrüche willkommen heißen und durchleben – Tod und Auferstehung auf der tiefsten Seinsebene. Wir müssen uns mit dem schändlichen Geheimnis des Westflügels auseinandersetzen.

Diese Art geistlicher Wandlung brauchen wir alle, wie tugendhaft wir uns auch fühlen mögen, denn der dunkle Teich, aus dem unsere Sünden an die Oberfläche steigen, ist bei allen Menschen gleich tief. Nur der Tod und die Auferstehung Jesu können diesen Teich trockenlegen, wenn sie täglich und immer wieder in unserem Leben stattfinden und uns rein erhalten.

Wir brauchen die Veränderung, die Jesus bringt, schon deshalb, weil es die einzige Veränderung ist, die eine wirkliche Chance hat, den Verfall komfortabler Strukturen zu überleben und das erschreckende Hervortreten des Phänomens, das wir altmodischen Christen „Erbsünde" nennen.

TIERE

Ein einzelner Spatz

Ich habe mich nie so recht entscheiden können, was ich von Zoos halten soll. Ich habe Freunde, die überaus plausible und zwingende Argumente gegen jede Art der Käfighaltung von Tieren vorzubringen haben. Wenn ich ihnen zuhöre, dann bin ich ehrlich erstaunt, daß irgend jemand allen Ernstes dafür eintreten kann, wilde Kreaturen auf diese Weise zur Schau zu stellen. „Ja!" rufe ich aus. „Ja, natürlich! Du hast vollkommen recht! Wie konnte ich nur jemals anderer Ansicht sein?"

Unglücklicherweise habe ich aber auch einen Freund, einen Zoologen, der mit gleicher Leidenschaft und Überzeugungskraft dafür argumentiert, welche absolut *lebenswichtige* Rolle Tiergärten für das Überleben und den Schutz seltener und gefährdeter Spezies spielen. Auch er wirkt vollkommen überzeugend. „Wie konnte ich nur so blind sein!" rufe ich aus, wenn er mir seine Ansichten darlegt. „Ich danke dir, daß du mir die Augen für die Wahrheit geöffnet hast – natürlich hast du recht mit allem, was du sagst . . ."

Da ich mich nun in der etwas eigentümlichen Lage befinde, völlig davon überzeugt zu sein, daß Tiergärten gleichermaßen abgeschafft und gefördert werden sollten, und beide Standpunkte mit leidenschaftlicher Überzeugung vertrete, fällt es mir nicht gerade leicht, mit meinen Kindern über dieses Thema zu sprechen. Als sie vor einigen Jahren darum baten, „wilde Tiere" sehen zu dürfen, schlossen wir deshalb einen Kompromiß und fuhren in einen Safaripark. Zuletzt waren wir ziemlich aufgeregt bei der Aussicht auf diesen Besuch.

Wir mußten für sechs Personen ungefähr soviel bezahlen, wie die monatliche Rückzahlungsrate für unsere Hypothek beträgt, aber wir ließen es uns dennoch nicht nehmen. Bridget und ich freuten uns besonders auf die großen Katzen. Wie tausende andere Besucher auch wollten wir den Nervenkitzel – ohne die wirklichen Zähne. Unsere Äffchen wiederum wollten ihre Äffchen sehen, und keiner von uns wurde enttäuscht. Es war ein merkwürdiges Erlebnis, in unserer vorsintflutlichen grünen Schachtel auf Rädern durch dieses Reservat der Tiere zu rollen. Es kam mir vor, als sähen wir uns „Daktari" aus dem Inneren des Fernsehgeräts an.

Die Herren des Dschungels erwiesen sich als eindrucksvolle, aber nicht eben lebhafte Brocken von Löwen, die reglos im Sonnenschein hingegossen lagen und kaum mit dem Schnurrbart zuckten, während die endlose Blechlawine sich an ihnen vorüberwälzte. Gelangweilt und hochmütig ignorierten sie dieses ständig gegenwärtige Phänomen. Die Erfahrung hatte sie längst gelehrt, daß Autos ebenso harmlos wie ungenießbar sind, es sei denn, jemand wäre töricht genug, sein Auto zu verlassen oder etwas ähnlich Unbedachtes zu tun.

Die Affen waren weitaus aktiver. An der Einfahrt zum Affengehege befand sich eine Tafel mit der Warnung, daß diese kleinen Geschöpfe mit den flinken Fingern eine besondere Vorliebe dafür hätten, kleine Einzelteile von den Autos abzupflücken. Wir durften auf eigene Gefahr weiterfahren.

Die Warnung erwies sich als gerechtfertigt. Genau vor uns waren die kreischenden und schnatternden Vandalen in Scharen über ein schickes brandneues Auto hergefallen und amüsierten sich damit, den Gummistreifen herauszureißen, der das Dach abdichtete.

Dampfwolken kochenden Affenhasses strömten von dem hilflosen Autobesitzer aus, der nicht einmal Gas geben und fliehen konnte, weil die Fahrzeuge vor ihm die Straße blockierten. Unser Auto – von dem alles, was Affen hätte interessieren können, schon längst abgefallen war – erschien den Affen sichtlich nicht als lohnendes Ziel.

Ein einziges greisenhaftes, offenbar halb verblödetes Exemplar kletterte steifbeinig auf das Heck unseres grünen Vehikels und hockte eine Weile dort, wobei es trübsinnig an kleinen Rostflocken kaute. Dann ließ es sich hinunterfallen und bekannte seinem ebenso greisenhaften Gefährten, daß es wieder einmal eine Niete gezogen hatte.

Wir hielten die Fenster sorgsam geschlossen. Diese Affen hatten ja keine Vorstellung davon, wie gefährlich junge Plass sein können! Unser Auto hat es nicht gerne, wenn es im Schritt fahren muß. Um ehrlich zu sein – es ist auch nicht gerade erfreut davon, schnell zu fahren. Überhaupt: Wenn man bedenkt, daß sein hauptsächlicher Zweck darin besteht, sich von einem Ort zum anderen zu bewegen, erweist es sich als bemerkenswert widerwillig, sich überhaupt von der Stelle zu rühren. Am meisten jedoch haßt es, wenn es sich im Schneckentempo fortbewegen muß. Es wird dann glühendheiß und qualmt gewaltig, und das kleine Ding, das die Temperatur anzeigt, pendelt aufgeregt im roten Feld hin und her, und wir alle werden furchtbar nervös. Nachdem wir das Affengehege verlassen hatten, mußten wir anhalten, damit der Motor abkühlen konnte.

Ganz in der Nähe badete ein Spatz in einer Wasserpfütze. Die Kinder beugten sich aus den Fenstern, um ihm zuzusehen, und

eine ganze Schlange von Autos hielt hinter uns an, deren Insassen ebenfalls die Köpfe aus den Fenstern steckten, um zu sehen, was wir da beguckten.

Der Spatz, der plötzlich die Gelegenheit erkannte, es vom Tellerwäscher zum Millionär zu bringen, gab uns die Vorstellung seines Lebens. Wer hatte jemals eine so grandiose Spatzendarbietung gesehen?

Die anderen Autos schoben sich langsam an uns vorbei. Die Leute, die drinnen saßen, sahen ein wenig verdutzt aus. Zuletzt fuhren auch wir weiter und ließen den Spatzen, der immer noch in der Erinnerung an seinen großen Auftritt schwelgte, allein zurück.

Vielleicht würde er niemals wieder eine solche Chance haben. Aber er würde den Rest seines Lebens wissen, wie es ist, wenn man ein Star ist. Von jetzt an würde er die Gesellschaft der Löwen suchen und den Warzenschweinen Anekdoten aus dem Show-biz erzählen.

Später ließen wir unser röchelndes Vehikel stehen und fuhren, gemeinsam mit zwanzig oder dreißig anderen Safariparkbesuchern, in einem Motorboot über einen großen See, um die Gorillas zu sehen.

Die beiden Gorillas wohnten auf einer Insel mitten im See, und weil sie dazu neigten, sich zu langweilen und einander zu verprügeln, hatte man ihnen ihren eigenen Fernsehapparat zur Verfügung gestellt, der in einer kleinen, gemütlichen Hütte stand.

Ihr Lieblingsprogramm, so informierte uns der Führer, war die „Lindenstraße".

Wir bekamen von den beiden nur hier und da ein Stückchen Fell zu sehen, während sie unter einem Baum saßen und vermutlich überlegten, wie es in der nächsten Folge weitergehen würde.

Als wir den Park schließlich verließen, hatten wir noch immer kein klares Bild vom Leben wilder Tiere in Gefangenschaft. Aber die Szenen, die wir gesehen hatten, erinnerten uns unwiderstehlich an etwas anderes.

Die Tiere im Safaripark bekommen so viel zu essen, wie sie nur wollen, ohne sich dafür anstrengen zu müssen. Wenn sie sich langweilen, gibt es die „Lindenstraße" im Fernsehen. Es ist ein gemütliches, aber kein natürliches Leben. Wir sahen sie, aber wir sahen sie nicht als ungezähmte, listenreiche Bestien. Das System sorgt für sie, und sie selber haben nichts weiter zu tun, als den Eindruck zu erwecken, sie könnten im nächsten Augenblick irgend etwas Dramatisches tun.

Gähnende Löwen, Affen, die an Autos herumspielen, Gorillas, die gebannt vor der Glotze hocken – sie hatten Ähnlichkeit mit den Christen im Südosten Englands.

Ich fühlte mich schuldig. Lieber wäre ich ein Spatz . . .

Angst vor A . . . tritten

Ich lasse mich nur ungern zu Vorträgen verpflichten, vor allem dann, wenn ich als „Gastprediger" in einer Kirche auftreten soll. Ich kann ums Verrecken keine Predigt halten – wenigstens nicht im formalen Sinn. Offenbar bin ich von meiner ganzen Veranlagung her einfach unfähig, drei Punkte zusammenzubringen, die alle mit demselben Buchstaben beginnen. Sie wissen wohl, was ich meine:

„Meine heutige Predigt gliedert sich in drei Abschnitte mit den Überschriften: Friede, Freude und Fischstäbchen . . ."

Sehen Sie? Mir fällt nicht einmal ein vernünftiger dritter Punkt ein, um Ihnen klarzumachen, was ich meine. Ich weiß nicht, wie andere Leute das fertigbringen.

Deshalb geriet ich auch in Panik, als ich vor etwa einem Jahr gebeten wurde, über den Vers „Ich bin der Gute Hirte" zu predigen.

Wie üblich, wenn man mir ein fixes Thema vorlegt, brach mein ganzes Selbstvertrauen zusammen wie ein Kartenhaus, krachte voll mit der Schnauze auf den Boden wie eines dieser Rauchwolken ausstoßenden Flugzeuge in alten Kriegsfilmen. Ich liebe breitgefächerte, nebulose Themenstellungen, die es mir gestatten, lang und breit herumzureden und Ideen nachzugehen und zusammenhanglos Anekdoten einzuflechten – diejenigen unter Ihnen, die mich schon predigen gehört haben, werden wissen (zu ihrem eigenen Schaden), was ich meine.

Kurz bevor mein metaphorisches Flugzeug auf dem Boden aufschlug (haben Sie es schon jemals bereut, eine komplizierte Metapher zu gebrauchen?), entdeckte ich einen Fallschirm. Der Fallschirm hatte etwas mit einem kleinen Zoo namens „Drusillas" zu tun, der nur wenige Meilen von unserem Haus entfernt liegt. Er ist kein Safaripark wie der im vorigen Kapitel erwähnte, aber er ist ganz bezaubernd. Als ich in Begleitung meiner Frau und meiner eigenen kleinen Menagerie darin herumschlenderte (ich war immer noch zu keinem Entschluß gekommen, was ich nun eigentlich von Tiergärten halten sollte), fiel mir so allerhand ein. Warum, fragte ich mich, hatte Jesus seine Nachfolger ausgerechnet als Schafe dargestellt? Schließlich wimmelt es doch in der Bibel von allen möglichen Kreaturen. Im Evangelium des Matthäus sagt Jesus: „Ich sende euch wie Schafe unter die Wölfe; seid klug wie die Schlangen und unschuldig wie die Tauben." Was für eine lärmende Versammlung muß das sein, wenn sie alle gleichzeitig anfangen, zu blöken und zu heulen und zu zischen und zu gurren!

Warum also ausgerechnet Schafe? Natürlich liefen sie einem damals in Israel andauernd vor die Füße. Lag es einfach daran, daß sie sich als Illustration geradezu aufdrängten?

Wir standen eine Weile beim Schildkrötengehege. Zwanzig oder mehr kleine grünliche Panzer krochen über- und untereinander dahin, um das Futterhäufchen zu erreichen, das eben für sie bereitgestellt worden war. Ich stellte mir vor, wie Jesus auf einem Hügel stand und ausrief: „Ich bin der gute Schildkrötenwärter. Meine Schildkröten kennen meine Stimme, und sie kommen zu mir . . . sehr, sehr langsam . . ."

Das klingt doch vernünftig, nicht wahr, vor allem, wenn man bedenkt, wie schnell Christen sich in ihre Panzer zurückziehen, sobald auch nur das winzigste Wölkchen am Horizont auftaucht. Aber vielleicht gab es damals in Judäa gar keine Schildkröten.

Die exotischen Vögel, die an einem großen künstlichen Teich wohnten, boten andere Möglichkeiten.

„Ich bin der gute Flamingo-Betreuer. Meine Flamingos kennen

meine Stimme, aber sooft sie irgend jemand nur ansieht, stehen sie auf einem Bein und laufen rosa an . . ."

Oder das Affenhaus.

„Ich bin der Affenwärter. Meine Affen hören meine Stimme, aber sie schwatzen und schnattern pausenlos und schlagen unnötig komplizierte doppelte Saltos, so oft sie hinauf oder hinunter wollen . . ."

Die Stachelschweine.

„Ich bin der gute Stachelschweinwärter. Meine Stachelschweine mögen meine Stimme kennen, aber sie interessieren sich kaum für etwas anderes als dafür, sich selbst zu verteidigen, und es ist schwer, in ihre Nähe zu kommen . . ."

Emus.

„Ich bin der gute Emu-Hirte. Meine Emus kennen meine Stimme, aber sie haben sich so sehr daran gewöhnt, auf der Erde zu watscheln – sie haben völlig vergessen, daß sie zum Fliegen geschaffen wurden . . ."

Ich könnte endlos so weitermachen; es gibt die verschiedensten Vögel und Tiere in Drusillas, aber ich komme doch besser zu den Schafen zurück. Wir kamen zu einem kleinen Gehege, in dem Stroh gestreut war. Darin befand sich ein Mutterschaf mit zwei neugeborenen Lämmchen. Diese x-beinigen kleinen Geschöpfe – sie sahen aus wie aus Pfeifenputzern zusammengesetzt – waren offenkundig ziemlich nervös, als die Zuschauer sich um ihr kleines Heim drängten. Eines stand nur einfach neben seiner Mutter und zitterte, während sein Brüderchen oder Schwesterchen (erkennt man Geschlechtsunterschiede bei Lämmern überhaupt?) das Köpfchen hinter einem vorstehenden Holzstück versteckt hatte. Es schien anzunehmen, wenn es uns nicht sehen könnte, dann könnten wir es wohl auch nicht sehen. Vielleicht hatte es irgendwann einen Vogel Strauß in der Familie gegeben? Mutter Schaf zitterte unablässig, ihre Augen sprangen angstvoll von einem menschlichen Gesicht zum anderen. Sie sah aus, als hätte sie liebend gerne eine Herde gefunden, der sie angehören könnte, und vielleicht auch einen Hirten. Vielleicht hat Jesus uns als Schafe beschrieben, weil wir so nervöse Geschöpfe sind, die nicht wissen, wohin sie gehen oder wem sie nachfolgen sollen. Ob wir uns nun in Menschenmengen tummeln, in Familien zurückziehen oder als isolierte Individualisten leben – in den Herzen von allen Männern, Frauen und Schafen existiert schattenhaft das immer gleiche Problem: „Ich weiß, daß ich zu jemand gehöre, aber wo soll ich diesen Jemand finden, und wird er mich mit Liebe oder mit Tritten in den Hintern empfangen?"

Ich muß bekennen: Da ich schon ziemlich lange zur Herde gehöre, habe ich viele Jahre lang unter diesem Bild eines Fußtritte austeilenden Hirten gelitten. Entweder mästete er mich für den Schlachter, oder er gestattete mir zähneknirschend und widerwillig, mich am äußersten Rand der Herde herumzudrücken, bis die Zeit gekommen wäre, mich mit einem kräftigen Tritt in die Wüste zu expedieren. Was für ein jämmerlich unsicheres kleines Schaf war ich doch!

Und heute?

Nun, mein Fell ist etwas schütterer geworden, aber die geduldige Führung des Guten Hirten hat mir allmählich das Vertrauen geschenkt, daß ich nicht als kosmischer Hammelbraten enden werde. Heute finde ich den Rest der Herde liebenswert, faszinierend, nervtötend, bezaubernd, verwirrend und ärgerniserregend. Ich bin überzeugt, daß sie mich ganz ähnlich betrachten, aber das Wichtigste daran ist unsere Erkenntnis, daß wir zueinander gehören und daß es unsere vornehmste Pflicht ist, einander Liebe und Mitgefühl zu erweisen.

Wir sind eine Gemeinschaft der Hoffnung, nicht eine triumphierende Armee von Perfektionisten: unsicher in vielen Dingen, aber vereint durch unsere Sehnsucht, gut zu sein, und durch eine schaf-ähnliche Abhängigkeit von unserem Guten Hirten.

GRAFFITI

Des Teufels Sprühdose

Es ist nicht einfach, die Vergangenheit abzuschütteln. Wäre es nicht wunderbar, wenn die Bekehrung sofortige, einfach zu verstehende Heilung und Verwandlung mit sich brächte? Augenblickliche Vollkommenheit! Für unsere Lieben wäre es vermutlich ein Schock. Stellen Sie sich bloß einmal vor, Sie wachen auf und müssen feststellen, daß der „gute alte Fred", dessen Laster Ihnen so vertraut wie alte Freunde sind, sich plötzlich in eine flammende Fackel ewigen Lichts verwandelt hat. Vielleicht würden Sie das gar nicht so besonders toll finden.

Aber warum dauert der Prozeß der Verwandlung so lange? Warum sind die Wehen der Wiedergeburt für so viele Christen so langwierig und schmerzhaft?

Ich habe einen Freund, dessen Dienst der Heilung und Beratung die erstaunlichsten Resultate gezeigt hat. Er ist das Lächeln auf dem Gesicht Gottes für Scharen bedürftiger Menschen, aber im Lauf seines Lebens hat er in seiner Seele Schichten um Schichten von Verletzungen und Schmerzen entdeckt, die alle mit seiner Vergangenheit zu tun haben, vor allem mit seinen frühesten Kinderjahren, als er von seiner Mutter sexuell mißbraucht wurde und ganz allgemein eine sehr unglückliche Kindheit durchlebte.

Viele seiner verschütteten Erinnerungen konnten ans Licht gebracht und geheilt werden, aber noch viele weitere werden zutage kommen. Wie können wir diesen Prozeß verstehen, bei dem die Vergangenheit die Gegenwart mit eisigen Fingern umklammert? Ich möchte einen Vorschlag machen, wie man die Sache ansehen könnte. Nennen wir sie bei einem hochmodernen Namen – Graffiti.

Der Prophet Jeremia verkündete Gottes Absicht, sein Gesetz in die Herzen der Menschen zu schreiben, und der Apostel Paulus nannte die Christen von Korinth einen Brief Christi, der auf die Schiefertafel menschlicher Herzen geschrieben sei.

Das Problem freilich (einmal angenommen, Ihr Herz sähe ungefähr wie meines aus) ist folgendes: Die negativen Graffiti, die sich über die Jahre hinweg angesammelt haben, sind so dick und unauslöschlich, daß für andere Inschriften kaum noch Platz bleibt. Der Teufel versteht es ausgezeichnet, mit der höllischen Sprühdose umzugehen. Ich möchte Ihnen von ein paar Inschriften erzählen, die ich entdeckt habe.

Als ich ein kleiner sechsjähriger Junge war, beschloß ich, Schauspieler zu werden, wenn ich einmal erwachsen wäre. Ich erzählte einer Tante, die damals gerade zu Besuch war, von diesem ehrgeizigen Plan.

„Aber nein", entgegnete sie, sprühend von tantenhaftem Witz, „dazu müßtest du gut aussehen."

Natürlich hatte Tante Gertrude – oder wie immer sie hieß – nicht die Absicht, mich fertigzumachen. Sie wollte einfach nur witzig sein. Aber es ist keine Übertreibung, wenn ich aus tiefstem Herzen sage: Die Erkenntnis, daß ich nicht gut aussehe, fügte meinem Selbstvertrauen Wunden zu, die auf Jahre hinaus nicht verheilten.

Die nächste Wandmalerei – in fetten Blockbuchstaben ausgeführt! – wurde angebracht, als ich ein Teenager war. Ich war gerade mitten im Schauspielkurs am Erwachsenenbildungscollege in Tunbridge Wells.

Eines Nachmittags saß ich mit einigen anderen Studenten hinter dem Schulgebäude auf dem Rasen. Da kam einer der Lehrer vorbei und sagte mir – aus heiterem Himmel heraus –, ich sei ein „Verpatzer". Was immer mir an Chancen und Gelegenheiten begegnete, sagte er, ich würde es falsch anpacken und schlicht und einfach verpatzen. Dann schlenderte er weiter.

Ich nehme an, er wollte mir behilflich sein, aber wie wir alle wissen, ist die Straße zur Hölle mit guten Vorsätzen gepflastert – oder, im Falle meiner Frau, mit nicht abgeschickten Briefen –, und diese wenigen Worte hätten beinahe ausgereicht, den winzigen

Funken Selbstvertrauen, der schwach in meinem höchst unsicheren Teenagerherzen glühte, völlig auszulöschen. Noch Jahre später verfolgte mich dieser Satz, und er hat niemals auch nur die geringste konstruktive Wirkung auf mich gehabt. Er hat oft meine Entschlußkraft geschwächt und gelegentlich tut er es noch heute.

Manchmal nehmen die Graffiti die Gestalt verbaler Karrenspuren an – Dialoge, die immer und immer wieder wiederholt werden, das Selbstbewußtsein untergraben und einen Schatten des Versagens über die Zukunft breiten.

Nehmen wir als Beispiel die folgende Szene zwischen einer Tochter und ihrem Vater.

Tochter: Hast du mein Fahrrad schon repariert, Papa?

Vater: Ich repariere diese Steckdose für deine Mutter, ich habe soeben den Sessel repariert, den dein Bruder kaputtgemacht hat, und davor habe ich zwanzig Minuten lang mit deiner Tante Phyllis wegen der Einladung nächsten Mittwoch telefoniert. Nein, ich habe dein Fahrrad noch nicht repariert, und es hat auch keinen Sinn, mir damit in den Ohren zu liegen, weil ich einfach keine Zeit gehabt habe!

Tochter: Ich meine ja nicht, du müßtest es schon fertig haben, Papa. Ich fragte nur –

Vater: Jeder fragt nur! Ich sagte, ich würde es machen, und ich werde es machen, sobald ich kann, also hab gefälligst ein bißchen Geduld.

Tochter: Ich will ja Geduld haben, Papa. Ich habe mich auch nicht beklagt, daß du es nicht gemacht hast, ich wollte nur wissen, ob du schon Zeit gehabt hast. Ich wollte nur . . . nachfragen.

Vater: Schon gut! In Ordnung! Dann lasse ich eben die Steckdose liegen. Ist ja egal, was andere Leute wollen. Dein Fahrrad muß repariert werden, dann gibst du hoffentlich Ruhe, und wir können uns einmal drum kümmern, was andere Leute wollen und brauchen.

Tochter: Aber ich will ja gar nicht, daß du mein Fahrrad jetzt sofort reparierst. Ich sagte dir doch, ich wollte nur –

145

Vater: Also, wenn du gar nicht willst, daß ich dein Fahrrad repariere, dann möchte ich wissen, wozu das ganze Theater?

Tochter: Ich habe kein Theater gemacht! Ich habe gar nichts gemacht, als ich reingekommen bin!

Vater: Dann möchte ich mal wissen, warum du mich anbrüllst, wenn du kein Theater machst, wie du behauptest?

Tochter: Ich habe kein Theater gemacht.

Vater: Nun, jetzt aber doch, oder? Oder würdest du dein Benehmen als ruhig und friedlich bezeichnen?

Tochter: Papa, als ich hier hereingekommen bin, habe ich dich ganz ruhig und freundlich gefragt, ob du mein Fahrrad schon repariert hast oder nicht. Weiter wollte ich gar nichts wissen – nur, ob du mein Fahrrad schon repariert hast.

Vater: Und hast du schon alle deine Bücher vom Treppenabsatz weggeräumt?

Tochter: Nein, aber davon war jetzt gar nicht die Rede.

Vater: Aha, ich verstehe! Wir dürfen darüber reden, daß ich nicht getan habe, was du willst, aber wir dürfen nicht darüber reden, daß du mich hängenlassen hast. Findest du das nicht auch etwas unfair? (SCHWEIGEN)

Tochter: Das ist doch dumm, Papa.

Vater: Ach, darauf läufts hinaus, ja? Damit endet es ja gewöhnlich, nicht wahr, daß ich der Dummkopf bin! Weißt du, was mein Vater gesagt hätte, wenn ich es jemals *gewagt* hätte, so mit ihm zu sprechen?

Tochter: Ich –

Vater: Ob du es weißt, frage ich?

Tochter: (AUSDRUCKSLOS): Ja, ich weiß es. Du hast es mir schon ungefähr neununddreißig Mal gesagt. Er hätte dir die nächsten zwei Wochen lang das Taschengeld gestrichen und dir Hausarrest verpaßt, und wahrscheinlich hättest du es auch noch mit dem Hosenriemen gekriegt.

Vater: Du brauchst gar nicht so ironisch über deinen Großvater reden. Wenigstens hat er niemals Unfrieden in der Familie gestiftet. Er war ein braver Mann, der immer sein Bestes getan hat. Er liebte euch Kinder, als ihr noch klein wart, und ich würde mich schämen, wenn er hier stünde und zuhören müßte, wie du daherredest! Ich weiß nicht, woher das kommt!

Ich weiß überhaupt nicht, was mit dir los ist! Wir haben miteinander gespielt und uns köstlich amüsiert. Du hast zu mir aufgeschaut und mir Fragen gestellt, und ich habe dir gezeigt, wie man Papierschiffchen faltet – wir waren die besten Freunde, zum Teufel noch mal! Womit habe ich das verdient, daß du plötzlich anfängst, hier das Fräulein Oberschlau zu spielen?

Tochter: Papa – bitte! Das ist nicht fair. Ich habe nicht damit angefangen!

Vater: Ach, du hast nicht damit angefangen. Wer denn sonst? Der Mann im Mond? Du kommst hier rein und verlangst, ich sollte auf der Stelle dein be . . . scheuertes Fahrrad reparieren, du nennst mich einen Dummkopf, wenn ich darüber rede, daß andere Leute auch Bedürfnisse haben, du spottest über deinen Großvater, der tot im Grabe liegt und sich nicht wehren kann, und dann kommst du mir damit, du hättest das alles nicht angefangen! Nun, es tut mir leid, aber ich bin wohl zu blöde, viel zu blöde, um das zu kapieren!

Tochter: (BEINAHE ATEMLOS VOR ZORN UND SCHMERZ): Hör zu, Papa – ich bin hier reingekommen, ja? Und ich habe gesagt – genau wie ich es jetzt sage –, ich habe gesagt: „Hast du mein Fahrrad schon repariert, Papa?" Und du bist aus der Haut gefahren und hast drauflosgeredet, was du sonst noch alles zu tun hättest, aber ich – ich habe mich nicht beklagt. Ich – habe – dich – nur – gefragt –

Vater: Ja, genauso, wie ich seit Wochen und Wochen frage, wann du endlich deine Bücher und deinen sonstigen Kram vom Treppenabsatz wegräumst und deiner Mutter öfters im Haushalt hilfst und dich ein bißchen mehr um andere Leute kümmerst –

147

Tochter: (WÜTEND) Davon ist jetzt nicht die Rede! Davon ist jetzt überhaupt nicht die Rede! Du alter, alter Dummkopf! Du hörst mir überhaupt nicht zu! Ich hab nicht angefangen! Ich hab nicht angefangen! (SIE BRÜLLT DIESE VIER WORTE IMMER WIEDER HERAUS)

Vater: (RUFT NACH SEINER FRAU) Sheila! Komm doch mal her und hilf mir! Dorothy hat wieder einmal einen von ihren hysterischen Anfällen!

Mutter: Komm schon, Dotty, beruhige dich, du kriegst nur einen rauhen Hals, beruhige dich, Schätzchen, so ist's brav, sei ein liebes Mädchen.

Vater: Sie ist hysterisch!

(ER SCHLÄGT SIE HART INS GESICHT. SIE HÖRT AUGENBLICKLICH ZU SCHREIEN AUF)

Ich könnte eine lange Liste von Graffitis aufzählen, die mein Herz verschmiert und übermalt haben. Sie könnten es sicherlich auch. Dinge, die man von anderen Leuten zu hören bekommen hat; Niederlagen, die das Selbstvertrauen zerstört haben, traumatische Erlebnisse; tiefgreifende, unvergeßliche Peinlichkeiten – all diese Dinge. Für gewöhnlich erzählt dir jedes dieser Graffiti eine Lüge über dich selbst:

– Du wirst es niemals zu etwas bringen.

– Du bist nicht liebenswert.

– Gott hat dich verworfen wegen dieser (du weißt schon welcher) Sünde.

– Du bist langweilig.

– Sie nutzen dich ja doch nur aus.

– Es gibt kein Glück auf der Welt.

– Dein Leben ist doch sinnlos.

Die Tatsache, daß diese Kritzeleien so gut wie immer Lügen sind, sollte als Hinweis auf den Autor eigentlich ausreichen.

Der Vater der Lüge hat ein Interesse daran, daß unsere Seelen unter einer verworrenen Masse von Falschmeldungen begraben liegen – und einige davon sind so tief eingemeißelt, daß sie uns fast das Herz brechen.

Jesus verspricht uns, daß wir so weiß wie Schnee werden sollen.

Damit mag die göttliche Reinigungsanstalt nun gut und gerne ein paar Jahre lang beschäftigt sein, wo es um Leute wie Sie und mich geht, aber wir haben das Versprechen, und daher haben wir auch die Hoffnung.

Vielleicht brauchen wir, wie der Freund, den ich eingangs erwähnt habe, ganz besonders die Heilung unserer Erinnerungen – vielleicht brauchen wir nichts mehr, als daß wir lange und ausgiebig geliebt werden.

Eines der Dinge, die ich an Gott so gerne mag – und ich habe das erst vor ganz kurzer Zeit entdeckt –, ist die Tatsache, daß es ihm um Beziehungen, nicht um Systeme geht. Wenn sich jemand bekehrt, dann sagt er nicht: „Okay, Fred ist zum Glauben gekommen, startet Vorgang Nummer 39 B, Abschnitt 6, vorwärts marsch, Engel!"

Er sagt: „Fred ist zu mir heimgekehrt – wunderbar! Jetzt wollen wir mal nachdenken. Der gute alte Fred ist ja in mancher Hinsicht ein recht sperriger Typ. Zuviel Druck, und er haut ab. Gehen wir die Sache also folgendermaßen an . . ."

Und so wird ein Plan ausgearbeitet, der ganz speziell für Fred maßgeschneidert ist. Dieser Plan bietet ihm die besten Möglichkeiten, Ratschläge und Einflüsse und ist von der Liebe Gottes durchströmt. Fred mag da und dort Mist bauen, aber der Plan ist flexibel und kann von Freds neuem Vater den jeweils aktuellen Bedürfnissen angepaßt werden.

Wäre Gott ein Schneider, so gäbe es in seinem Laden keine Hosen von der Stange, sondern nur maßgeschneiderte, mit äußerster Sorgfalt zugeschnitten und entworfen, um jedem Kunden individuell den besten Sitz zu garantieren.

Unser himmlischer Vater weiß alles, was es über uns zu wissen gibt – jede Sorge, jede Verletzung, jede winzigste Narbe, jeden Strich der Graffitis, die unser Leben verunstalten. Laßt uns versuchen, uns ein wenig zu entspannen und ihn bitten, uns seinen Plan wissen zu lassen, wie er ein Stückchen Mauer in unseren Herzen von des Teufels Spraymalereien säubert.

Das schlimmste aller Verbrechen

„Was meinst du, was wohl das schlimmste Verbrechen auf der Welt ist?"

Eines von meinen Kindern stellt mir eines Tages diese Frage, wahrscheinlich an einem Sonntag beim Mittagessen – sie heben sich die schwierigsten Fragen immer für das Sonntagmittagessen auf. Ich glaube nicht, daß ich damals eine befriedigende Antwort zustande gebracht habe, aber vielleicht gibt es gar keine endgültige Antwort auf eine solche Frage – jedenfalls keine, die allgemeine Zustimmung fände. Trotzdem hat sie mich nachdenklich gemacht. Eine von G. K. Chestertons „Pater Brown"-Geschichten trägt tatsächlich den Titel „Das schlimmste aller Verbrechen". In dieser Geschichte ist die schlimmste Sünde der Vatermord, der in dieser Geschichte wie üblich vom durchdringenden Scharfblick des bescheidenen kleinen römisch-katholischen Priesters Pater Brown aufgedeckt wird.

Ich nehme an, viele Leute würden dieser Antwort auf meine eingangs gestellte Frage zustimmen – in der Annahme, daß ungesetzliches Töten das schlimmste Verbrechen ist, das ein Mensch begehen könnte, besonders Mord aus Geldgier, wie ihn Chesterton beschreibt.

Es ist jedoch eine Tatsache, daß die Anschauungen darüber, was nun ein wirklich gottloses Verhalten ist, sehr oft von den speziellen Umständen und Erfahrungen einzelner Menschen abhängen.

Ich erinnere mich, daß ich im Zuge meiner Ausbildung ein Buch über die Philosophie der Erziehung gelesen habe. Ich verstand im Durchschnitt nur jeden fünfzigsten Satz, aber in dem Buch fand ich eine kleine Anekdote, die mir unvergeßlich blieb. Einer Volksschulklasse wurde von ihrem Lehrer die Aufgabe gestellt, die zehn schlimmsten Verbrechen in absteigender Ordnung nach „Schlechtigkeitsgraden" zu ordnen.

Unter den Resultaten dieser Klassenarbeit stach vor allem die Liste eines Kindes hervor, das geschrieben hatte:

1. Mord.
2. Lärmen im Korridor.

Die letztgenannte Sünde hat es nicht bis zur Aufnahme in die Zehn Gebote geschafft, aber für dieses Kind rangierte sie offenkundig weit vor Diebstahl, Ehebruch und all den anderen banalen Fehltritten, zu denen unser schwaches Fleisch imstande ist. Ich bin ziemlich froh, daß ich nie diese Schule besucht habe.

Da ist beispielsweise der Fall eines Teenagers, der zu unserem Bekanntenkreis zählt. Alan war ein häufiger Gast in dem kleinen Haus in Bromley, das meine Frau und ich mit dem Kaplan von St. Augustin, meinem alten Freund John Hall, teilten. Keiner von uns hatte Geld, also war das Haus hauptsächlich mit Gegenständen eingerichtet, die bereits drei oder viermal auf dem jährlichen Pfadfinderflohmarkt verkauft worden waren. Das ging so weit, daß Besucher aus dem Ort, die bei uns auftauchten, nicht selten auf das eine oder andere Stück deuteten und mit nostalgischem Vergnügen darauf hinwiesen, daß es vorzeiten einmal ihnen gehört habe.

Alans Elternhaus stand in krassem Gegensatz dazu. Es sah dort aus wie in „Schöner Wohnen". Seine Mutter war nicht nur eine emsige Hausfrau, sie war geradezu ein Putzteufel; der Hauptinhalt ihres Lebens bestand darin, für den aus Ziegeln erbauten Götzen, dem sie diente, zu bürsten und abzustauben und zu schrubben und staubzusaugen. Ihre Familie bestand aus ärgerniserregenden Ungläubigen, die pausenlos alle ihre guten Werke zunichte machten.

Jeden Abend nach dem Abendessen bestand diese unglückselige Frau darauf, daß ihr Gatte und ihr Sohn sich auf Campingstühle setzten (die aus einem makellosen Schrank unter der Treppe hervorgeholt wurden), damit die dreiteilige Sitzgarnitur, die ihr besonderer Stolz und ihre Freude war, nicht abgenutzt würde. Gelegentlich kam sie nach Hause und entdeckte ein winziges Fältchen im Bezug der Sofas oder eines Sessels, worauf sie in entrüstetem und anklagendem Ton die unsterblichen Worte hervorzustoßen pflegte: „Jemand hat auf den Sesseln gesessen!"

Es verwundert Sie wohl nicht, wenn ich Ihnen erzähle, daß Alan ein ziemlich verkrampfter junger Mann war, obwohl er ein sehr netter Gesellschafter sein konnte. Er besuchte uns häufig, vielleicht, weil wir viel weniger Wert auf ein makelloses Heim legten als seine Mutter. Eines Tages jedoch dachte er ganz offenkundig, er hätte – mitten in unserem Wohnzimmer – das schrecklichste aller Verbrechen begangen. Das kam so zustande:

Nicht lange nach unserer ersten Begegnung kam er eines Morgens zum Kaffee vorbei und setzte sich auf einen steiflehnigen hölzernen Sessel neben dem Eßtisch. Dieser Sessel war ein Bestandteil unserer letzten Flohmarkterrungenschaften – einer Garnitur von vier altehrwürdigen Eßzimmerstühlen, die den Riesenbetrag von fünf Pence pro Stück gekostet hatten. Kein Zweifel, sie hatten ihre letzte Ruhestätte gefunden.

Als Alan sein Gewicht auf den Sessel verlagerte, den er sich ausgesucht hatte, brach dieser augenblicklich zusammen – vollständig und jenseits aller Hoffnung auf Reparatur. Es war kein Sessel mehr und würde nie wieder ein Sessel sein.

Alan starrte aus den Trümmern zu uns empor, körperlich unversehrt, soweit wir sehen konnten, aber käsebleich vor Entsetzen, während er darauf wartete, wie wir auf dieses unaussprechliche Verbrechen reagieren würden. In seinem Elternhaus brach ja bereits der Dritte Weltkrieg aus, wenn man bloß auf dem falschen Stuhl *saß*. Welches Harmagedon mußte erst losbrechen, wenn man einen vollständig zertrümmerte?

Der Ausdruck auf Alans Gesicht wandelte sich vom Schock zu Verblüffung zu tiefgreifender Erleichterung, als Bridget und ich uns vor Lachen den Bauch hielten. Wir hatten nicht die Absicht, ihn mit einem Stück Ex-Möbelage zu Tode zu prügeln. Danach begann er sich in unserem Haus so richtig wohl und entspannt zu fühlen.

Ich fürchte, viele Christen haben ein ähnliches Problem wie Alan und jenes aufsatzschreibende Kind in der Grundschulklasse. Sie haben niemals gewaltige, bluttriefende Sünden oder Verbrechen wie Mord begangen, aber sie haben ihre eigene spezielle Sünde, ihr Laster oder Problem, das einem leicht als das schrecklichste aller Verbrechen erscheinen kann. Das hängt davon ab, wer ihre moralische Elle als erster geeicht hat. Der Maßstab des Schulkindes stammte von seinem Lehrer, Alans Maßstab von seiner Mutter, aber es könnte genauso gut der Einfluß eines christlichen Gemeindeleiters oder eines Elternteils oder Beraters sein oder auch nur das spezielle Gemeindedogma einer Gruppe.

Es bedeutete eine große Erleichterung für mich, als ich mich – nachdem ich auf eine solche persönliche Blockade gestoßen war – direkt an die Evangelien wandte und mir ins Gedächtnis rief, was ich im Grunde meines Herzens längst wußte.

Jesus verurteilte *alle* Sünde. Falls die Jünger sich jemals Hoffnungen machten, er würde in dem einen oder anderen Punkt ein wenig nachgeben, müssen sie wohl sehr enttäuscht gewesen sein. „Du darfst einer Frau nicht einmal nachschauen und sie begehren", sagte er seinen Nachfolgern. „Du bist schon verdammt, wenn du deinen Bruder nur einen Dummkopf nennst", sagte er kurz darauf. Keine Rede davon, daß er eine elastischere Moral eingeführt hätte. Im Gegenteil. Mose mußte neben ihm wie ein Anarchist wirken. Nicht nur, daß er das Gesetz keineswegs aufhob, er machte auch unmißverständlich klar, daß der von Gott geforderte Maßstab so unerreichbar ist, daß niemand (außer ihm selbst) hoffen konnte, diesen Standard zu erreichen, geschweige denn auf Dauer auf diesem Niveau zu bleiben.

Dann, nachdem er ganz klargemacht hatte, daß kein menschliches Wesen sich jemals für die Aufnahme in das Königreich Gottes qualifizieren würde, ging er freiwillig in den Tod. Er bewahrte uns vor den Konsequenzen unserer Übertretung jenes Gesetzes, von dem er eben noch gesagt hatte, wir müßten es bis aufs I-Tüpfelchen halten. Ein ausgespochen exzentrisches Gebaren für einen Menschen, es sei denn, er sei wirklich der Sohn Gottes.

Als stünden wir vor einem gewaltigen See, erblicken wir nur die Oberfläche jenes geheimnisvollen Sühneaktes. Aber es gibt keinen Zweifel: Würden die Sünden eines Blutverbrechens und die Zerstörung eines Lehnstuhls gleichzeitig in jenes feierliche Gewässer geworfen, so würden sie mit derselben Geschwindigkeit sinken und mit derselben gnädigen Gewißheit in der Tiefe verschwinden, daß sie für immer dahin sind.

Von dieser Möglichkeit keinen Gebrauch zu machen, ist wahrscheinlich das schlimmste aller Verbrechen – gegen uns selbst.

Das fehlende Stückchen

Wer sich in der Kathedrale von Winchester gut auskennt, weiß, daß sie ein höchst außergewöhnliches Puzzle enthält. Nun, ich bin gewissermaßen Experte für Laubsägepuzzles. Ich habe vier Kinder (das sind ungefähr um zehn mehr als drei, sei all jenen gesagt, die mit Kindern nicht so gut Bescheid wissen), und zwar in den Altersgruppen von lässigen Sechzehn bis zu überaus herrschsüchtigen Drei-und-ein-halb.

Sechzehn Jahre lang sind Laubsägepuzzle aller erdenklichen Größen und Formen durch die Hände und Spielzeugkisten unserer Nachkommenschaft gegangen und haben nicht selten ihren letzten Weg in die Ritzen im Fußboden der Kinderzimmer angetreten. Einige gehören zu der überaus einfachen, klobigen Sorte, die nur aus vier großen Teilen besteht – die sind für Klein-Katy oder für mich bestimmt. Andere dagegen gehören zu der riesigen, zweitausend-Teilchen-umfassenden Sorte, wo einen der Hintergrund (zum Beispiel der riesige blaue Himmel) beinahe zum Wahnsinn treibt und die letzten drei Teilchen aussehen, als könnten sie *unmöglich* irgendwo hineinpassen – was aber dann doch der Fall ist.

In einem Porzellantopf bewahre ich eine traurige kleine Sammlung von verwaisten Puzzle-Teilchen auf. Ich kann einfach nicht anders! Ich bringe es nicht übers Herz, sie wegzuwerfen. Ich finde sie unter den Treppenläufern oder im Schlauch des Staubsaugers (den sie verstopft haben) oder sogar im Garten. Sie haben einen gewissen traurigen, schlappohrigen Charme, und außerdem – vielleicht kommt der Tag, an dem ich eines davon doch noch brauche! Stellen Sie sich nur diesen Jammer vor, wenn ein Familienmitglied ein langwieriges und schwieriges Puzzle zusammengesetzt hat und feststellen muß, daß EIN TEILCHEN FEHLT! Diese verlorenen Teilchen passen irgendwo hin, und ich hege die melodramatische Hoffnung im Herzen, daß sie irgendwann einmal dorthin zurückkehren, wo sie hingehören, und wieder einen Sinn bekommen.

Das spektakuläre Puzzle in der Winchester Cathedral ist ein riesiges Fenster in der Westfassade, aber es hat nicht die geringste

Ähnlichkeit mit irgendeinem anderen Kirchenfenster, das ich je gesehen habe. Es sieht aus, als sei es aus Hunderten gläsernen Teilchen zusammengesetzt, von denen jedes eine völlig andere Form und Farbe hat. Es ergibt jedoch kein erkennbares Bild oder auch nur ein Muster. Wenn man ganz genau hinsieht, erkennt man einen Fuß, oder das Fragment eines Gesichts oder irgendein anderes kleines Detail, aber die Glassplitter sind so willkürlich zusammengefügt, daß sie völlig unsinnig erscheinen. Leute, die mit der Geschichte der Kathedrale vertraut sind, können Ihnen jedoch erzählen, daß es eine Zeit gab, wo diese Stückchen ein sinnvolles Bild ergaben. Aber dann geschah folgendes:

Man schrieb das 17. Jahrhundert, und Cromwells Streitkräfte waren aufmarschiert, um das Land für ihren Anführer zu erobern. Als die Armee der Puritaner nach Winchester kam, wurden viele der schönsten Kunstwerke in der Kathedrale brutal zerstört. Das Westfenster wurde völlig zertrümmert.

Entsetzt über diesen widerwärtigen Vandalismus sammelten einige der Ortsbewohner die Glassplitter ein und versteckten sie sorgfältig, in der Absicht, das Fenster wieder einzusetzen, sobald die Soldaten abgezogen waren oder das religiöse Klima wieder etwas milder geworden war.

Als diese Zeit dann herangekommen war, erwies sich das Unterfangen jedoch schwieriger als gedacht. Die Leute aus der Stadt waren zwar guten Willens, aber sie schafften es einfach nicht. Dieses riesenhafte Puzzle war zuviel für sie. Aber sie müssen wohl sehr dickköpfige Leute gewesen sein. Ihr Fenster mußte um jeden Preis wieder an seinen Platz in der Westfassade, ob es einen Sinn ergab oder nicht! Also wurde es dort wieder angebracht, die Glassplitter wurden einfach in verrücktem Kunterbunt aneinandergefügt, und an diesem Ort ist es heute noch zu sehen, ein Denkmal für Entschlußkraft und Gemeinschaftsgeist.

Manche Menschen (seien sie nun Christen oder nicht) scheinen relativ unbehelligt von Stürmen und Turbulenzen durchs Leben zu schweben. Ich weiß nicht, worin die Gründe dafür liegen – vielleicht im Temperament, im sozialen Umfeld, in der Persönlichkeit oder besonderen Umständen. Ich freue mich für diese Glücklichen, aber ich leide auch mit denen, deren Leben ein einziger Scherbenhaufen ist.

Für viele von Ihnen, die dieses Buch lesen, mag es aussehen, als sei Ihr Leben in Trümmer gesunken, wie dieses riesige Fenster vor mehr als dreihundert Jahren in Scherben geschlagen und in ein Puzzle verwandelt wurde, das nicht den geringsten Sinn zu ergeben scheint. Ich habe diesen Zerfallsprozeß selbst durchgemacht und weiß, wie der Jammer der Verzweiflung die Tage und Nächte mit scheinbar endloser Finsternis erfüllen kann. Es lohnt sich jedoch, über zwei Dinge nachzudenken.

Zum einen scheint es mir, daß Gott dasselbe tut wie ich: Er hebt die traurigen, verlorenen Teilchen im Leben seiner leidenden Kinder auf, weil er weiß, daß sie Teile des vollständigen Puzzles sind, so unerklärlich sie im Augenblick auch erscheinen mögen.

Zweitens mag es hilfreich sein, noch einmal an dieses Kathedralenfenster zu denken. Irgendwo in diesem seltsamen Kunterbunt verstreuter Fragmente ist das ursprüngliche Bild erhalten geblieben. Wir sehen es nicht in seinem Originalzustand, jedenfalls nicht diesseits des Jordan, aber wir wissen mit Sicherheit, daß es existiert. Ich glaube, es hat nichts mit einem Blick durch die rosarote Brille zu tun, wenn wir unser Vertrauen darauf setzen, daß derselbe Gott, der gesagt hat: „Siehe, ich mache alles neu" jeden Splitter unserer zerbrochenen Leben – sei er nun gut oder böse – zur Hand nehmen wird und uns eines Tages ein unerwartet schönes Bild zeigen wird . . . das Bild, das Sie und ich von allem Anfang an darstellen sollten.

Maria, die Mutter Jesu, ist in dieser Hinsicht immer meine persönliche Heldin gewesen. Ihre Sammlung anscheinend völlig unzusammenpassender Puzzleteilchen ist schon merkwürdig, wenn man ihre Geschichte betrachtet!

Zum ersten wird sie als junges, unverheiratetes Mädchen von einem Engel heimgesucht, der ihr verkündet, daß sie durch den Heiligen Geist schwanger werden wird. Was für ein bizarres Fragment gleich am Anfang! Nur gut, daß Joseph durch seinen eigenen himmlischen Boten die Bestätigung erhielt, daß die Sache ihre Richtigkeit hatte.

Das nächste rätselhafte Puzzleteilchen taucht auf, als Maria in Bethlehem eintrifft und feststellt, daß sie ihr Kind in einem muffigen alten Kuhstall zur Welt bringen muß. Sie hätte ja auch sagen können: „Nun, Herr, das ist schon ein bißchen stark! Verlierst du die Kontrolle über die Sache? Du hast wohl das ganze Geld für die Engel ausgegeben, und wir können uns jetzt nicht einmal eine gutbürgerliche Frühstückspension leisten!" Aber das sagte sie nicht. Sehr zum Unterschied von vielen von uns modernen Christen nahm sie alles hin, was ihr widerfuhr – verdutzt, aber willig.

Nach der Geburt Jesu hagelte es geradezu Puzzleteilchen. Hirten, die herbeikamen, um das Kindchen zu sehen – furchtbar nett von ihnen, aber wozu eigentlich? Weise aus dem Morgenland mit sonderbaren symbolischen Geschenken; die Begegnung mit Simeon im Tempel; die Flucht nach Ägypten, um Herodes zu entkommen; der Tod all dieser Kindlein in Bethlehem.

Viel später kommt es zu dem unangenehmen Zwischenfall, als der Knabe Jesus drei Tage lang einfach verschwindet und schließlich dabei angetroffen wird, wie er religiöse Fragen mit den Schriftgelehrten debattiert.

„Wußtet ihr nicht", sagt Jesus zu seiner bekümmerten Mutter, „daß ich im Hause meines Vaters sein muß?"

Die Bibel sagt, daß Maria all dies in ihrem Herzen bewahrte. Ich muß da an meinen kleinen Porzellantopf denken. In ihrem Herzen bewahrte Maria eine Unmenge seltsam geformter Puzzleteilchen auf, die damals nur sehr wenig Sinn ergaben. Manchmal muß sie wohl in einer stillen Stunde diese Teilchen hervorgeholt und versucht haben, sie zusammenzusetzen. Manche schienen so gar nicht zusammenzupassen:

„Gesegnet bist du unter den Frauen . . ."

„Ein Schwert wird dein Herz durchbohren . . ."

Als Jesus dann seinen Dienst begann, kamen die Wunder und Konflikte, die Lehren und die Auseinandersetzung mit einem überaus mächtigen Establishment, der Schmerz, ihn sagen zu hören: „Weib, was habe ich mit dir zu schaffen?" und jener wundersame Augenblick, als er, ein Sterbender, mit liebenden Augen vom Kreuz auf sie herabblickte und einen seiner Jünger anwies, nach seinem Tod für sie zu sorgen.

Als Maria am Fuß des Kreuzes trauerte, muß sie sich wohl gefragt haben, ob das Puzzle jemals vollendet würde.

Wir sprechen in der Kirche nicht oft darüber, aber können Sie sich vorstellen, wie Maria zumute gewesen sein muß, als sie ihren Sohn wohlauf und gesund wiedersah, drei Tage, nachdem man seinen Leichnam ins Grab gelegt hatte?

Dieser Augenblick und der Augenblick, als der Heilige Geist in Feuerzungen und gewaltigem Sturmgebraus sich herabsenkte, müssen ihr wie die beiden letzten Teilchen des Bildes erschienen sein. Ein Bild, durch das Maria klar wurde, daß sie eine Schlüsselrolle dabei gespielt hatte, Gott selbst in die Welt zu bringen, damit Generationen und Generationen zu ihrem himmlischen Vater heimkehren können.

Aber natürlich wird das allerletzte Teilchen des Puzzles – für Maria und für jeden von uns – unsere Begegnung mit Jesus selbst sein, wie er zur Rechten des Vaters sitzt. Wenn das geschieht, wird das Bild ganz sicher fertig sein, aber es mag ganz anders aussehen, als wir es uns vorgestellt haben.

Falls Sie jemals nach Winchester kommen sollten, nehmen Sie sich eine halbe Stunde Zeit und besuchen Sie die Kathedrale – und sehen Sie sich dieses Fenster an . . .

Palast der Winde?

Für mich leuchtet der Monat April wie ein strahlender Juwel aus der faszinierenden Perlenkette des Jahres heraus. Ich muß dann immer an zwei sehr wichtige Dinge denken. Zum einen ist es die Jahreszeit, in der Gott die himmlische Sprinkleranlage einschaltet, um unsere Kricketplätze für eine neue Saison vorzubereiten. Vielleicht habe ich in meinen früheren Schriften schon gelegentlich durchblicken lassen, daß ich für diese schönste aller Beschäftigungen eine Leidenschaft habe. Wären wir keine Christen, dann würden meine drei Söhne und ich zweifellos dem Götzen Sport huldigen, dieser energiegeladenen Dreieinigkeit aus Kricket, Football und Rugby.

Für mich ist Kricket die größte dieser drei Sportarten, und daher erfüllt mich der Wechsel zwischen Sonnenschein und Regenschauern im vierten Monat des Jahres mit jubelnder Vorfreude. Ich wühle mich durch die Berge von Gerümpel im Schrank unter der Treppe und murmle Dinge vor mich hin wie: „Ich weiß ganz genau, daß ich den Schläger hier hineingelegt habe! Ich wünschte, ihr würdet meine Sachen nicht immer verkramen . . .!"

Er ist immer noch dort, wo ich ihn hingelegt habe, und wie immer finde ich ihn, und immer stehe ich einen Augenblick lang da und liebkose das Holz mit den Fingerspitzen und gebe kleine tölpelhafte Gurrlaute von mir, während ich in Gedanken beim Rot, Weiß, Grün und Blau eines Krickettages verweile, wie man ihn sich schöner nicht wünschen könnte.

„Keinen schöneren Anblick hat die Welt zu bieten – " Äh, nein – da geht's um den Blick von der Westminster-Brücke, nicht wahr? Tut mir leid!

Nun, falls Sie jetzt denken, das alles klinge ein bißchen beknackt

– mir ist durchaus bewußt, daß Kricket nach Ansicht mancher Leute die wirkungsvollste Medizin gegen Schlaflosigkeit ist, die jemals erfunden wurde. Aber vielleicht finde ich ja Ihre Lieblingsbeschäftigung auch völlig unbegreiflich.

Vielleicht haben Sie großen Spaß daran, mit Känguruhs zu boxen. Ich respektiere das hundertprozentig. Meine Unkenntnis der Feinheiten des Känguruh-Boxens hindert mich wohl daran, ihm ebenso viel abzugewinnen wie Sie, aber ich habe Sinn fürs Vergnügen. Lassen Sie uns einander also mit Verständnis begegnen.

Das zweite, woran ich im April immer denken muß, ist die ewige Seligkeit.

Ich lebe fast am Fuß der South Downs, und das bedeutet, daß es mich ständig zum Gipfel der South Downs hinzieht. Gott geht dort oben auch sehr gerne spazieren, und wenn wir einander begegnen, begleite ich ihn ein Stückweit und plaudere mit ihm.

Wir haben uns auch schon in der Zelle eines Polizeigefängnisses und in Kneipen und an dunklen, gefährlichen Orten getroffen, aber diese Begegnungen auf den Bergen sind etwas anderes. Dort oben, auf diesen üppigen grünen Hügeln im Frühling kann ich die sprudelnden Quellen des Himmels auf der Zunge schmecken, und ich fühle seine Sehnsucht danach, daß die Welt, die er vor so langer Zeit geschaffen hat, ihre ursprüngliche Vollkommenheit wiedererlangen möge. Ich brauche diese Begegnungen, denn der Gedanke an den Himmel hat mir schon so manche trübe Stunde bereitet.

Vielleicht bin ich der einzige, der diese Ängste wegen des Lebens im Jenseits durchlitten hat, aber ich bezweifle es. Zuweilen hat mich am Sonntagmorgen ein Schwall jäher Panik überschwemmt, wenn ich mir vorstellte, der Himmel könnte genauso aussehen wie eine gewöhnliche Morgenandacht – allerdings eine, die nie zu Ende geht. Das kleine Kind in meinem Inneren schreit dann: „Ich will nicht sterben! Ich will nicht sterben!"

Da sind natürlich die Belohnungen, die uns die Heilige Schrift in Aussicht stellt, Dinge wie goldene Kronen und weiße Kleider, die immer wieder auftauchen – man könnte geradezu von einer Paradiesausstattung von der Stange sprechen. Für Jesu Zeitgenossen waren das zweifellos mächtige Antriebsfedern, denn diese ersten

160

Jünger waren in der Regel arme Schlucker, die die Demütigung der römischen Besatzung ertragen mußten. Aber für mich hat dergleichen nicht den geringsten Reiz. Ich würde auf den goldenen Straßen des Himmels in Jeans und T-Shirt und ohne Kopfbedeckung rumlaufen, wenn es dem himmlischen Hausherrn nichts ausmacht. Mich fasziniert der Gedanke, wie Jesus den Himmel wohl beschrieben hätte, wäre er heutzutage auf die Erde gekommen. Ich bin sicher, er hätte dann Symbole gewählt, die unserem Zeitalter etwas sagen. Aber ich wüßte doch gerne, ob er dabei auch meine persönliche Lieblingsbeschäftigung im Blick gehabt hätte. Manchmal habe ich Gott im Verlauf dieser Wanderungen über die Hügel auf das Thema „Leben nach dem Tod" angesprochen, vor allen, was die speziellen Merkmale der ewigen Seligkeit angeht.

„Gott", habe ich dann gesagt, „ich will wirklich keine goldene Krone, wie es in der Bibel steht. Ich hab gar keine Lust, in alle Ewigkeit rumzusitzen und Choräle zu singen und – und all das andere Zeugs.

Ich mag – ich liebe – so vieles auf dieser Erde, die du geschaffen hast. Wenn die neue Erde gemacht wird, könnte ich dann nicht eine kleine Wohnung bekommen, am Stadtrand Londons, mit einer Bushaltestelle davor? Ich liebe dich, und ich möchte gerne bei dir sein, bloß . . ."

Dort oben auf den Hügeln kann ich Gottes leises Lachen hören, wenn ich so rede. „Die Quintessenz all dessen, was du jemals geliebt hast, wird dir gehören", sagt er. „Vertrau mir. Kein Auge hat es gesehen, kein Ohr hat es gehört, keines Menschen Sinn hat es erfaßt, was Gott denen bereitet hat, die ihn lieben."

Und wenn ich über diese Worte ruhig und vernünftig nachdenke, dann ist die Wahrheit so leicht zu erkennen. Warum sollte ich annehmen, daß Gott, der mich kennt und liebt wie der beste aller Väter, mich in alle Ewigkeit in eine Tretmühle von Langeweile und Monotonie verbannen würde? Wie faszinierend ist doch der Gedanke, daß der Himmel mit Sicherheit die Quintessenz all jener Dinge enthält, die ich am meisten geliebt habe und die mir vor allem anderen wichtig und wertvoll gewesen sind. Welche Freude muß es für unseren himmlischen Vater sein, für jedes seiner geliebten Kinder eine besondere Wohnung einzurichten, wenn sie zu ihm kommen, willkommene Besucher in seinem Königreich, weil sie den Namen Jesu freimütig bekannt haben.

Und plötzlich hört das alles sich ziemlich aufregend an . . . Kricket und der Himmel – vielleicht schließt das eine das andere gar nicht so völlig aus, wie ich dachte. Wir werden ja sehen . . .

Ich möchte nach diesem Leben noch leben,
ich träume von einem Leben „danach",
ich werd's bis zum letzten Atemzug schaffen
ich warte, und alle meine Sinne sind wach.
Was wäre das Leben, wär ich nicht lebendig
und wär' nicht der Tod wie das Leben real?
Wie könnte ich leben, ganz ohne mein Kricket?
Kein Schläger, kein Spielfeld – es wär eine Qual.
Ich schwöre, Gottvater, ich will mich nicht zieren
nur bitte, das eine gewähr mir: mein Spiel.
Ich würde auch lernen, die Harfe zu spielen.
Nur laß mir mein Kricket. Verlang ich zuviel?

Wie leicht wird doch unsere Vorstellung vom Himmel von den Bildern und Geschichten verdunkelt und verzerrt, die eine faszinierende christliche Wirklichkeit mit sterilen religiösen Hüllen bedekken. Meckert nicht rum am Leben nach dem Tode; es wird *himmlisch* sein!

Wir werden uns wiedersehen

Ein Teil der Freuden des Himmels wird darin bestehen, jene Menschen wiederzusehen, die wir im Leben geliebt haben.

Mein Freund Chris liebte seine Mutter sehr. Sie war früh im Leben verwitwet, und als sie zu kränkeln begann, stellten die Ärzte fest, daß sie an einer unheilbaren Krankheit litt. Chris und seine Frau Jean pflegten sie in den letzten Stadien der Krankheit, die rasch ihre Kräfte aufzehrte. Schließlich starb sie im Gästezimmer ihres kleinen Hauses in Eastbourne.

Für Chris bedeutete das eine sehr vielschichtige Erfahrung. Der Schmerz, seine Mutter leiden zu sehen, war fast unerträglich, vor allem, als sie immer mehr abmagerte und zusehends hilfloser wurde. Er fühlte sich immer mehr in die Rolle eines Elternteils gedrängt, während seine Mutter zum Kind wurde, einem Kind, dessen körperliche Abhängigkeit mit jeder Woche offensichtlicher wurde. Gelegentlich überwältigten ihn seine Gefühle, und er brach an ihrem Bett in hemmungsloses Schluchzen aus. Da zwang ihn die Gewalt seines Schmerzes, selbst wiederum zum Kind zu werden. Dann streckte seine Mutter zuweilen eine vor Schwäche zitternde Hand aus, und es gelang ihr, ihn mit ihrer Berührung zu trösten. Sie war geistig und gefühlsmäßig vollkommen klar, und sie wußte genau, welche Qualen ihr Sohn ausstand. Ihre Rollen wechselten beständig, jeder von ihnen war einmal der gebende, einmal der nehmende Teil, und dadurch wurde ihre Beziehung – auf eine Weise, die ihnen beiden vollkommen neu war – zusehends tiefer und zärtlicher.

Als der Tod schließlich kam, lag keine Bitterkeit mehr darin, und keiner von beiden hatte das Gefühl, daß damit ein Ende gekommen sei. Chris und seine Mutter waren einander durch ihren christlichen Glauben auf einer ganz entscheidenden Ebene ihres Wesens verbunden, und als sie voneinander Abschied nahmen, geschah es in der sicheren und gewissen Überzeugung, daß sie sich eines Tages wiedersehen würden – vielleicht nicht als Mutter und Kind, sondern in einer neuen und vollständigeren Beziehung. Einige Zeit nach dem Tod seiner Mutter fragte mich Chris, ob ich etwas über seine Gefühle und Erfahrungen während dieser letzten schwierigen Wochen schreiben könnte. Das folgende Gedicht ist ein unzulänglicher Versuch, dieser Bitte zu entsprechen.

Ich war ihr Mutter, die mir Mutter war
dem Körper, den ich nie gekannt
(sie kannte mich so gut! Ich war ein Kind
und alles, was mir nottat, das war sie).

Wie kläglich war sie jetzt!
Die Arme hochgestreckt – ich zog sie aus und an,
wie ein verhärmtes Kind
das keine Schande in der Schwäche fühlt
verlegen einst, doch dankbar jetzt und froh
daß ihre Müdigkeit ich lindern durfte.
Und dennoch: Brach ich weinend in die Knie
an ihrem Bett
dann war sie meine Mutter wiederum
und streckte ihre Hand aus nach dem Kind in mir
sie trocknete die Tränen mir
und hielt mich in den Armen.
So krank, so lange Zeit,
bis ganz zuletzt die Hoffnung doch verdämmerte
nach langer Tage Qual ins Zwielicht sank . . .
da kam dann eine Nacht voll Harmonie
die Nacht, in der wir viele Psalmen lasen.
Ich war ihr Mutter, die mir Mutter war
und legte meine Schwester sanft
in unsres Vaters Arm.

Liebe oder Laserschwerter

Es gibt immer wieder Leute, die mir sagen, die Vorfreude auf die
Begegnung mit Jesus lösche alle Todesangst aus. So, sagen sie mir,
steht es in der Bibel. Ich glaube aber nicht, daß man die Sache so
einfach sehen darf.

Als ich mich vor nunmehr fast fünfundzwanzig Jahren bekehrte,
startete ich – wie so viele andere auch – den Versuch, zu verstehen,
was die Bibel für Christen wie mich bedeutet oder bedeuten sollte.

Wie so viele junge Christen in den sechziger Jahren begann ich
damit, daß ich große Brocken Information hinunterschluckte,
ohne das, was mir da gesagt wurde, durchzukauen oder zu ver-
dauen. In der Folge pflegte ich im zarten Alter von sechzehn Jahren

lauthals und mit päpstlicher Unfehlbarkeit zu verkünden, daß die Bibel zweifellos frei von allen Irrtümern und in jeder Hinsicht höchste Autorität sei und daß jeder, der nicht mit mir übereinstimme, höchstwahrscheinlich nicht gerettet und auf jeden Fall in gravierendem Irrtum befangen sei.

Als jedoch die Jahre vergingen und ich allmählich lernte, in einer echten Vater-Sohn-Beziehung mit Gott zu leben, wurde mir langsam bewußt, daß es Jahrzehnte dauern kann, bis Bücherwissen wirklich im Herzen Wurzeln schlägt. Auf meiner eigenen Pilgerreise zum Verständnis habe ich den Punkt erreicht, wo ich in meinem Herzen weiß, daß die Bibel ein Brief Gottes an mich ist und jeder Buchstabe darin seinen Sinn und seine Bedeutung hat. Sie beginnt mit den Worten „Lieber Adrian . . .", und sie endet: „Alles Liebe, Gott." Ich danke ihm dafür.

Damals, in diesen frühen Tagen, hegte ich auch einen Glauben an die „magische" Kraft von Bibelversen, der mir heute, wenn ich es recht bedenke, ziemlich abergläubisch erscheint. Wiederum eine verzerrte Sicht einer Wahrheit, die auf allzu einfältige Weise gelehrt wurde! Ich entwickelte oder erbte oder infizierte mich mit der Vorstellung, daß es in praktisch jeder schwierigen Situation möglich und angebracht sei, Teile der Bibel so ähnlich zu verwenden wie die Laserschwerter in „Krieg der Sterne".

Natürlich funktionierten meine heiligen Beschwörungen in den meisten Fällen nicht. Dann neigte ich zu der Annahme, daß ich entweder auf irgendeine Weise „zurückgefallen" war oder daß ich den falschen Bibelvers gewählt hatte oder (nach besonders traurigen Mißerfolgen) daß es gar keinen Gott gab. Ich verstehe auch heute noch so gut wie gar nichts davon, aber mein Verständnis auf diesem Gebiet ist doch ein wenig reifer geworden.

Ich habe heute den Eindruck, daß es tatsächlich Zeiten und Gelegenheiten gibt, wo man die Bibel wie ein Schwert gebrauchen kann, um den gordischen Knoten weltlicher oder satanischer Tücke entzweizuschlagen. Aber das kommt nicht automatisch zustande, und wenn wir, wie Jesus, nur tun, was wir den Vater tun sehen, dann darf daraus niemals eine willkürliche oder gedankenlos angewandte Methode werden, an Probleme heranzugehen.

Manchmal wird uns ein besonderer Bibelvers geschenkt, nicht damit wir ihn irgend jemand anderem mit dramatischer Geste unter die Nase reiben, sondern um uns selbst zu zeigen, was wir tun müssen. Ende letzten Jahres kam ein flüchtiger Bekannter namens Peter zum Kaffee zu Besuch. Peter ist pensionierter Pfarrer, ein guter Mensch, ein gestandener Christ. Während wir Kaffee tranken, erzählte er mir, daß seine Frau Jean vor zwei Tagen gestorben war. Sie war schon eine ganze Weile krank gewesen. Vor drei Jahren, ein paar Monate vor Peters Pensionierung, hatte sie auf ihre Entlassung aus dem Krankenhaus bestanden. Sie wollte zu Hause sterben.

Die Krankheit war unheilbar, und Jean war voll Angst. Während Peter in der ersten Nacht, nachdem seine Frau aus dem Krankenhaus zurück war, neben ihr in der Dunkelheit lag, fragte er sich selbst und Gott, was er nur tun könnte, um die Leiden dieser Frau zu lindern, die sich mit ihrem nahen Tod abgefunden hatte und deren Körper vor Furcht erstarrte, wenn sie ans Sterben dachte.

Man redet oft so leichtfertig davon, man „habe ein Wort vom Herrn erhalten". Wenn nichts davon abhängt, kostet eine solche Behauptung auch nicht viel. In dieser Nacht war Peter überzeugt – und es war eine der wenigen Gelegenheiten in seinem Leben, bei denen er dieser Überzeugung war –, daß Gott ihm tatsächlich einen Bibelvers eingegeben hatte und daß er in irgendeiner Weise mit seinem verzweifelten Gebet in Zusammenhang stand.

Welcher Vers war es? Es war ein sehr vertrauter Vers, einer, den er in seiner langen Laufbahn als Prediger oft und oft gelesen und zum Thema seiner Predigten gemacht hatte. Er steht im ersten Johannesbrief und besteht nur aus wenigen Worten: „Die vollkommene Liebe treibt die Furcht aus."

Aber was bedeutete das für Peter und Jean? Ich kenne ein paar Leute (wohlmeinende Leute, das will ich gar nicht bestreiten), die hätten das Licht auf der Nachtkonsole angeknipst und fröhlich ausgerufen: „Gute Nachricht! Der Herr hat mir ein Wort für dich gegeben – ‚Die vollkommene Liebe treibt die Furcht aus.' Fühlst du dich besser?"

Aber Peter sah es anders. Der Vers war für ihn bestimmt gewesen, nicht für Jean. Er war derjenige, der etwas tun sollte. Als der Morgen dämmerte, wußte er auch, was es war, und er wußte, wie teuer es ihm zu stehen kommen würde – er würde eine Unmenge von Gefühlen in jemanden investieren, den er zuletzt doch verlieren mußte.

Peter hielt Jean in den Armen und liebkoste sie, als sie frühstückten, und er hielt sie in den Armen, als sie zusammen zu Mittag aßen, er liebkoste sie, als sie zu Abend aßen, und er hielt sie zärtlich umschlungen, als sie zu Bett gingen. Drei Monate lang entfernte er sich kaum jemals weiter als drei Meter von ihr. Vielleicht war es nicht die vollkommene Liebe, aber es war das Beste, das er zu geben hatte, und Gott half ihm dabei. Als diese drei Monate vergangen waren, hatte die Liebe die Furcht aus Jean vertrieben, und sie begann sich wieder dafür zu interessieren, wo sie und Peter nach seiner Pensionierung leben wollten.

Peter hielt die Hand seiner Frau, als sie drei Jahre später Ende Dezember starb, und er wußte, daß die Furcht verschwunden war. Er konnte zu Gott sagen: „Ich habe es getan, Herr. Ich habe getan, was du mir gesagt hast. Es war vielleicht keine vollkommene Liebe, aber ich habe mein Bestes getan, und du hast dazugegeben, was mir fehlte. Du hattest recht mit dem, was du mir damals gesagt hast. Hab Dank dafür . . ."

Peters Erfahrung weist auf eine Wahrheit hin, über die ich jahrelang Lippenbekenntnisse abgelegt habe, ohne ihre Bedeutung jemals wirklich zu erfassen. Nämlich, daß Gott nach seinem Willen handelt, aus guten Gründen, die er selbst am besten kennt, und daß dieses Tun sehr häufig nicht in den Rahmen der persönlichen Theologie paßt, die ich mir über die Jahre hinweg zusammengeschustert habe. Peter und seine Frau brauchten diesen speziellen Bibelvers zu diesem vorbestimmten Zeitpunkt, und sie mußten ihn auf ganz bestimmte Weise anwenden, und Gott wußte das.

Ganz ähnlich erging es einem Freund von mir, dem Pfarrer einer Pfingstgemeinde (sein einziger Fehler!), dem es sehr am Herzen lag, daß sein Vater sich bekehrte. Mit der in solchen Fällen üblichen Energie begann er, seinem greisen Erzeuger die Bibel auszulegen, drohte ihm mit der Hölle, versprach ihm den Himmel und drehte ihn überhaupt durch die Mangel. Nachdem das eine Weile so gegangen war, setzte der alte Mann alles daran, außer Haus zu sein, wenn sein Sohn dort aufzutauchen drohte. Eine Bekehrung stand ganz offensichtlich nicht auf seinem Terminkalender.

Erst als mein Freund aufhörte zu reden und anfing zu hören, konnte Gott ihm zuflüstern: „Wann hast du deinem Vater das letzte Mal gesagt, daß du ihn liebst?"

„Noch nie", dachte mein Freund. „Ich hätte es ja tun sollen, aber ich habe es noch nie getan . . ."

Am nächsten Tag besuchte er seinen Vater von neuem, legte ihm den Arm um die Schultern und ignorierte das widerwillige Zurückzucken des alten Herrn, der zweifellos einen neuen evangelistischen Angriff erwartete. Statt dessen sagte er die drei Worte, die so schwer zu sagen sind, wenn man sie nicht als billiges Kleingeld in die Konversation streut: „Ich liebe dich."

Bald danach bekehrte sich der Vater meines Freundes und wurde Mitglied in der Gemeinde seines Sohnes.

Gott weiß viel besser als wir, was ein hartes Herz zum Schmelzen bringen kann, und das mag in jedem Fall etwas anderes sein. Ich hasse die Vorstellung, mein Lieblingspatentrezept könnte das Werk des Heiligen Geistes verdunkeln oder verzögern. Statt dessen sollten wir lieber darauf abzielen (wie meine Freundin Jo Marriott es formulieren würde), „rauszukriegen, was Gott tut, und dann mitmachen".

Ihm liegt viel mehr als uns daran, daß Menschen in den Himmel kommen, und er weiß auch, wie man es zustande bringt.

Was Oscar Schlimmes tat

„Ich lese nur noch die Bibel. Sie ist das einzige Buch, das ich brauche."

Ich habe solche Bemerkungen schon mehr als einmal gehört, wenn ich Gemeinden oder christliche Organisationen als Redner besucht habe. Ein Typ mit glänzenden Augen informierte mich eines Tages dahingehend, als ich gerade hinter einem Tischchen saß, auf dem sich die von mir verfaßten Bücher zuhauf stapelten, und sie für einen beständigen Strom von Leuten signierte, die gerade über eine Stunde lang meine Stimme ertragen hatten.

Ich versuchte, beschämt dreinzusehen. Im ersten Augenblick hörte sich diese strenge literarische Diät so absolut *richtig* an. Dann ärgerte ich mich plötzlich über mich selbst. Natürlich war sie nicht richtig! Die Tiefe und der Reichtum und die Schönheit guter Literatur ist ein Geschenk Gottes, von dem wir Gebrauch machen und an dem wir uns erfreuen sollen. Natürlich gibt es Literatur (die schlecht geschriebene gehört ebenso dazu wie die obszöne Gattung), die, gelinde gesagt, nicht hilfreich ist, aber die Geheimnisse des menschlichen Herzens werden durch die Dichtkunst auf eine ebenso vielfältige wie erleuchtende Art und Weise enthüllt.

Wir sollten durchaus wählerisch sein, aber wir brauchen deshalb weder engstirnig noch prüde sein.

Ich frage mich beispielsweise, was mein Freund, der nur die Bibel liest, wohl dazu sagen würde, daß Richard Ellmanns Biographie des Dichters Oscar Wilde seit zwei oder drei Jahren mein Lieblingsbuch ist. Es wärmt mir das Herz, und ich möchte gerne erklären, *warum* es mir so viel bedeutet.

Manche Dinge ändern sich nie.

Als kleines Kind geriet ich gelegentlich an ein Buch, das mich so völlig, so grenzenlos überwältigte, daß ich nur noch einen einzigen Wunsch hatte: Ich wollte in diesem kleinen Universum innerhalb des Universums wohnen und alle anderen Interessen und Aktivitäten aussperren. Mein erster Lieblingsleseplatz befand sich unter einer Fichte auf einem Hügel, etwa eineinhalb Kilometer von meinem Elternhaus entfernt. Jetzt stehen dort überall Häuser, aber ich ziehe mich immer noch im Geiste eineinhalb Kilometer von der Welt zurück, wenn das Buch mir gerade recht gefällt und das Telefon abgeschaltet ist und die Familie irgendwo auswärts eingeladen ist und der nächste Termin nicht allzu drängend vor der Türe steht. Als ich anfing, Richard Ellmanns großherzige Biographie zu lesen, war ich von meiner imaginären Fichte kaum mehr wegzubringen.

„Was Oscar Wilde Schlimmes tat", war ein Posten auf der langen Liste von Informationen, die meine Eltern und sonstige Erwachsene mir sorgsam vorenthielten, bis ich alt genug wäre zu verstehen. Natürlich hatte das mit der ängstlichen Verschleierungsstrategie für peinliche Dinge zu tun, aber das wußte ich damals nicht. Ich war entzückt von den reizenden Märchen, dem funkelnden Witz der Theaterstücke und dem gruseligen Geheimnis von Gedichten wie *Das Hurenhaus*, an dem mich schon der bloße Klang faszinierte. Meine sonstigen Helden – Dylan Thomas und G. K. Chesterton – müssen für meine Eltern und Lehrer ähnlich problematisch gewesen sein. Ein Schwuler, ein Säufer und ein Judenhasser (was für ein Blödsinn, nebenbei bemerkt). Sie schufen Schönheit, Faszination und Witz; alles Dinge, die aus dem Herzen Gottes hervorgehen und es erfreuen, und das war alles, was mich interessierte.

Ich nötigte meine Frau mit ziemlich groben Mitteln, Ellmanns Buch zu kaufen. Es war der erste Schritt zur Verwirklichung meiner seit langem vorhandenen Absicht, mehr über diesen Mann zu erfahren – seine Person, meine ich, im Gegensatz zu seinen Schriften, die ja wie kaum ein zeitgenössisches Werk zu Klassikern geworden sind. Meine Faszination überdauerte meine Unwissenheit (es ist ein sehr lehrhaftes und gelehrtes Werk), denn der Biograph ist warmherzig, witzig und einfühlsam – und zwar nicht nur seinem Helden gegenüber (der sich als unerwartet freundliche und liebenswürdige

Persönlichkeit erweist), sondern auch im Hinblick auf die ganze Sammlung ungewöhnlicher Charaktere und Ereignisse, die den letzten Jahren des viktorianischen Zeitalters ihren besonderen Reiz verliehen.

Oscar Wilde war fürs Fernsehen geschaffen. Es gibt wohl keinen Zweifel, daß seine legendäre Begabung als brillanter Unterhalter und Märchenerzähler kaum übertrieben ist. In seinen Glanzstunden scheint seine Konversation von ehrfurchtgebietender Kraft und Lebendigkeit gewesen zu sein, die seinen Zuhörern vor Aufregung und Bewunderung den Atem verschlug.

„Ein Abend mit Oscar Wilde" hätte zweifellos Dame Edna und sogar den exzellenten Peter Ustinov in den Schatten gestellt. Die

Glotze hätte Oscar wohl auch vor der Armut bewahrt. In den meisten Schlüsselsituationen seines Lebens hatte er statt Geld nur Schulden. Er war ein großzügiger Mann, warf das Geld mit vollen Händen hinaus und sparte nichts. Sein hervorragendes Talent bestand nicht einmal so sehr in dem, was er *tat*, als in dem, was er *war*. Gegen Ende des vergangenen Jahrhunderts gab es keine lukrativen Mittel und Wege, verbale und stilistische Feuerwerke in klingende Münze umzusetzen – auch dann, wenn man nicht gerade von jener heuchlerischen Gesellschaft des *fin de siècle* als der einzige Schwule im Universum entlarvt worden war. Wilde wäre zweifellos zum Liebling des modernen Massenpublikums avanciert, nicht nur, weil er ein brillanter Kopf war, sondern weil er niemals unfreundlich oder verbittert war und weil er immer fähig und willens war, seine eigenen Argumente in Zweifel zu ziehen. Ellmann beschreibt, wie eines Tages irgendein Glücksritter einen langen und bösartigen verbalen Angriff gegen den großen Mann richtete. Wilde saß da „wie ein Holzklotz", zu gutmütig, um aus einer Diskussion als Sieger hervorzugehen, indem er Bösartigkeit mit Grausamkeit beantwortete.

Sein Untergang waren seine Neigungen und seine seltsame, tragische Unfähigkeit, sich aus Beziehungen zurückzuziehen, die ihn zwangsläufig verletzen mußten. Vor allem war das natürlich seine Beziehung zu Lord Alfred Douglas, die ihm so viel Leid eintrug – Leid, von dem die Gefängnisstrafe nur ein kleiner Teil war. Wilde war gänzlich unfähig, dem gierigen, bildschönen, hemmungslosen, grausamen Douglas zu widerstehen, der – rückblickend betrachtet – ein höchst unwürdiges Objekt solcher selbstzerstörerischen Leidenschaft gewesen zu sein scheint. Es ist keine neue Geschichte, und es ist auch keine Geschichte, die nur Homosexuelle betrifft. Es ist eine Geschichte über Menschen und menschliche Verletzlichkeit.

Ellmanns ausführliche Beschreibung der letzten Lebenswochen Wildes, die er im Exil in Paris verbrachte, trieb mir die Tränen in die Augen. Vor allem berührte mich die Schilderung Frédéric Boutets, eines Schriftstellers, wie er Wilde in einem Kaffeehausgarten begegnete. Der Dichter saß dort im strömenden Regen, bis auf die

Haut durchnäßt, aber nicht in der Lage, fortzugehen, weil er nicht mehr genug Geld hatte, die drei oder vier Drinks zu bezahlen, mit denen er die Rückkehr in seine erbärmliche Behausung hinausgeschoben hatte.

„Wie der liebe Franz von Assisi bin ich mit der Armut verheiratet", sagte Oscar, „aber in meinem Fall ist es keine glückliche Ehe . . ."

Wilde starb am 30. November 1900. Sein allzeit getreuer Freund Robert Ross war in seinen letzten Stunden bei ihm. Als man ihn kurz vor seinem Tode fragte, ob er in die römisch-katholische Kirche aufgenommen werden wollte, hob er zum Zeichen der Zustimmung eine Hand. Er wurde getauft und erhielt die Vergebung der Sünden von dem Priester zugesprochen, den der besorgte Robbie ans Sterbebett geholt hatte.

Welche Schlüsse zieht ein Relativist wie ich, der Jesus liebt, aus einem solchen Leben? Wilde sagte zu Percival Almy, daß Christus seiner Meinung nach nicht der Sohn Gottes sei. „Das würde", sagte er, „eine allzu tiefe Kluft zwischen ihm und der menschlichen Seele aufreißen." Die Religion der meisten Menschen stand für seinen Scharfblick auf zu schwachen Füßen. Organisierte Formen geistlichen Glaubens sprachen ihn als Kunstform an – er kniete ehrlichen Herzens vor wenigstens zwei Priestern und dem Papst –, aber wie Ellmann hervorhebt, sind seine religiösen Ansichten kaum als orthodox zu bezeichnen.

In diesem Fall ist es deutlich erkennbar, wie sehr der Biograph seinen Helden liebt, und ich glaube, er hat es geschafft, daß auch ich ihn liebe. Liebe kennt nicht nur ein *weil*, sie kennt auch ein *trotz alledem*. Einzelne Aspekte von Wildes Leben stoßen mich ab, aber alles verstehen heißt alles verzeihen. Gott kennt alle Einzelheiten von Oscar Wildes Leben besser als ich, sogar noch besser als Richard Ellmann. Eine Handbewegung kurz vor dem Tode mag so wirkungsvoll sein wie ein paar Worte von einem sterbenden Räuber am Kreuz. Ich hoffe es jedenfalls.

Ich würde Oscar Wilde gerne im Himmel begegnen. Und da unser Gott gnädig ist, wird es mir wahrscheinlich vergönnt sein.

Künstlerische Freiheit

Jeder Versuch, Christen in Gruppen zusammenzubringen, die ein säkulares Interesse als Hauptziel haben, ist mit Problemen und Gefahren belastet.

Eine der größten dieser Gefahren ist die Tendenz solcher Gruppen, nach einigen wenigen Treffen zu Gebetsversammlungen zu werden. Da kein Druck ausgeübt wird, irgend etwas spezifisch Religiöses zu tun, kann es passieren, daß die Gruppenmitglieder sich plötzlich unvermutet dazu befreit fühlen, über Dinge zu reden, die sie in ihrem persönlichen Leben belasten oder ihnen Sorgen bereiten.

Das ist großartig, wenn die Gruppe fähig und willens ist, sich mit dem „Seelenmüll" der jeweils anderen auseinanderzusetzen, aber es kann überaus frustrierend sein, wenn man den Gruppenabend besucht, um etwas über die Funktionsweise der Dampfmaschine zu erfahren und statt dessen alles über die Funktionsweise von Lieschen Müller erfährt.

Vielleicht könnte die Kirche daraus eine Lehre ziehen. Sollten Kirchenälteste einmal beschließen, das Abendgebet in Zukunft in „Bienenzucht für Anfänger" umzubenennen, werden sie vermutlich die Kirche gestopft voll mit Leuten vorfinden, denen Bienen vollkommen gleichgültig sind und die von Gott reden und Hymnen singen wollen. Menschen sind schon sehr verwirrende Kreaturen.

Eine weitere Gefahr besteht (möglicherweise) darin, daß irgendein selbsternannter geistlicher Leiter anwesend ist, jemand, der genau fühlt, daß Gott „ihm die Last auferlegt hat", darauf zu achten, daß der kurzweilige Flirt mit der flatterhaften Kunst nicht zu einer vulgären und illegitimen festen Beziehung wird.

Es gibt keine Entschuldigung dafür, die Interessen anderer Leute auf diese Weise in fremde Bahnen zu lenken, wenn sie mit der erklärten Absicht zusammengekommen sind, sich diesen Interessen zu widmen – selbst wenn die betreffenden Kunstwerke nicht religiös oder sogar anti-religiös sind. Ein Kommunist darf das Schloß eines Aristokraten besichtigen, ohne daß man ihm vorher das rote Halstuch abbindet. Möglicherweise wird er nach seiner Exkursion in die Welt der priviligierten Klassen sogar mit verdoppeltem Eifer seinen Kreuzzug für die Gleichheit aller fortsetzen.

Von allem anderen einmal abgesehen, brauchen wir in der Kirche Weitblick und Engagement. Jesus selbst war ebenso integriert in die wirkliche Welt, wie er davon unbefleckt blieb. Es gibt wohl kaum etwas weniger Attraktives als die Einstellung, die Bernard Levin einmal den „Fanatismus der einzigen guten Sache" nannte. Vor allem, wenn er von Christen praktiziert wird, die auf den öden, sterilen Pfaden der Religiosität wandeln.

Ich bin selbst Mitglied einer christlichen Künstlervereinigung, einem regionalen Zweig der Arts Centre Group (das ist eine Organisation mit Sitz in London, die sich den Christen im Bereich der professionellen und halbprofessionellen Kunst widmet). Unserer Ortsgruppe ist es gelungen, die meisten der Schwierigkeiten, die solchen Versammlungen drohen, zu überwinden und zu überleben, einschließlich der soeben erwähnten. In den rund fünf Jahren unseres Bestehens haben wir jedoch eine verblüffende Vielfalt von Situationen und Persönlichkeiten erlebt.

Jede Ähnlichkeit zwischen diesen Persönlichkeiten und den in den folgenden Versen erwähnten wäre natürlich rein zufällig!

Es trifft sich unser Künstlerclub
an jedem Donnerstag.
Es gilt kein Ansehen der Person.
Es komme, wer da mag.
Die Kosten schrecken niemand ab.
Man zahlt ein Pfund, nicht mehr.
Als Christen und als Künstlervolk
sind wir nicht elitär.
Man trifft sich zweimal monatlich.
Man zeigt sich interessiert.
Und selbst der schlimmste Schinken wird
noch freundlich kritisiert.
Seit vorigem September ist
der Club nun in Betrieb.

175

Die Regel heißt: „Wer kritisiert,
der tu' es sanft und lieb."
Denn niemand wird die Tür versperrt.
Ihr Künstler, kommt zuhauf!
Wir nehmen jeden, der da klopft
mit offnen Armen auf.

Geschieden ist Mrs. Leith, doch geht's
ihr für gewöhnlich gut.
Verborgen tief im Busen loht
die künstlerische Glut.
Sie malt stets „Sonnenuntergang"
ganz ohne drumherum.
Sie malt in Essig und in Öl.
Wir fragen nicht, warum.
Zu Hause hängt an jeder Wand
ihr purpurnes Gemäld,
kein Wunder, daß es Mr. Leith
schon längst sein Heim vergällt.

Miß Duncalk aus Cheyne Walk
ist bleich und ziemlich schmal.
Sie schwärmt entzückt von Carl André
und nennt ihn „epochal".
Sie füttert unsrer Wißbegier
Exzerpte großer Namen.
Sie meint, es tät uns allen gut.
Wir sagen ja und amen.
Sie ist kein unbedarfter Fan
der gleich von jedem schwärmt.
Wir hoffen, daß ihr Durchblick ihr
das kalte Herz erwärmt.

Herr Grange, der Eierhändler, ist
fast etwas ominös.
Er scherzt frivol und blickt zu tief
in fremde Dekolletés.
Er zeigt uns stets dasselbe Bild.
Sein einziges, nebstbei.
Er sagt, es wär ein „Mädchenakt",
doch ist's 'ne Schweinerei.
Doch stört es niemand, daß man weiß:
Er ist ein krummer Hund.
Denn anders als so mancher Christ
zahlt pünktlich er sein Pfund.

Mit 93 ist Herr Smee
noch lebhaft, fit und flott.
Er hatte eine Frau. Die ist
schon längst beim lieben Gott.
Er spielt die Bongos schlecht und recht
jedoch mit viel Aplomb.
Das dauert oft minutenlang.
Kopfweh kriegt man davon.
Da seufzt so mancher insgeheim:
„Ich halt' das nicht mehr aus!
Ich blies dem alten Knaben gern
das Lebenslichtlein aus."

Die Schwestern Verne sind ziemlich streng
und richterlich gesinnt.
War Malcom Muggeridge z. B.
ein *wahres* Gotteskind?
Bei Wordsworth fehlt der wahre Glaub'
bei Lawrence die Moral.
Auch ist Professor C. S. Lewis
nicht evangelikal.
Picasso war ein Kleckserling
und Joyce war ein Prolet

und Dylan Thomas war ein Suff
wie er im Buche steht.

Beim letzten Gruppentreffen ging
die Rede dann reihum:
Wir stellen unsre Werke aus
vor großem Publikum.
Beschlossen wurde folgendes:
Es zieren ab sofort
die Werke unseres Künstlerclubs
die Bibliothek am Ort.
Es öffnet unser frommes Tun
Verblendeten den Blick
und führt vor Gottes Angesicht
die Irrenden zurück.
Denn *unsrer* Hände Werke hier
sie stehen beispielhaft
für Gottes wunderbares Werk
für *Seine* Schöpferkraft!

WER BIN ICH?

Ein Mann namens „Sid"

Namen sind etwas sehr Wichtiges.

Ich kenne einen Mann, der sich strikt weigert, Fremden mit seinem Vornamen vorgestellt zu werden. Er ist überzeugt, daß auf diese Weise viel zu leicht und billig eine plumpe Vertraulichkeit erreicht wird und daß der beiläufige Austausch von Vornamen oft der erste Schritt bei diesem unwillkommenen Handel ist. In ähnlicher Weise besteht er darauf, daß seine Neffen und Nichten ihn mit „Onkel" ansprechen, statt – wie es heute modern ist – mit dem Vornamen.

Er betrachtete seinen Namen als persönlichen Besitz, etwas, das er hochhält und nur mit Menschen teilt, die ihm nahestehen.

Mir ist mein Name zweifellos sehr bewußt, aber ich bin weit entfernt davon, ihn zu schätzen. Ich habe mich damit immer unbehaglich gefühlt. Als ich zur Schule ging, haßte ich ihn beinahe. „Adrian Plass" – das klang in meinen Ohren, als hätte einer den Mund voll Klempnerwerkzeug. Am meisten haßte ich es, wenn andere Jungen mich mit meinem Namen neckten. Es schien mir wie eine zielgerichtete, persönliche Attacke zu sein, nicht nur gegen mich, sondern in einer unbestimmten Art und Weise auch gegen meine Familie. Das mag nun albern klingen, aber es machte mich sehr unglücklich und sehr zornig – und deshalb, nehme ich wenigstens an, taten meine Schulkollegen es ja auch.

Ein paar Jahre später habe ich meinerseits jemanden verärgert, weil ich in Zusammenhang mit seinem Namen einen Fehler machte.

Es war Weihnachtszeit, und während meiner Semesterferien hatte ich – schon zum zweitenmal – beim Postamt Bromley einen Aushilfsjob als Zusteller für die Stoßzeit angenommen. Ich freute mich darauf. Im vergangenen Jahr hatte mir die Arbeit sehr viel Spaß gemacht. Ich hatte selbst nicht damit gerechnet, aber erstaunlicherweise hatte ich es richtig genossen, noch vor Tagesanbruch aufzustehen und auf meinem klapprigen alten Fahrrad noch in der Dunkelheit zum Postamt zu radeln. Wenn ich dort ankam, wimmelte das Postamt von einer ganzen Schar anderer Studenten. Die Atmosphäre war überaus locker und freundlich.

Dieses Jahr jedoch wurde mir nicht eine der üblichen Zustelltouren zugewiesen, sondern ich wurde dazu eingeteilt, einen der festangestellten Paketausfahrer als Gehilfe zu begleiten. Nach längeren Verzögerungen und vielen Tassen Tee in der Kantine des Postamtes wurde ich von meinem neuen Partner abgeholt, und wir fuhren in seinem Lieferwagen los. Er war ein schweigsamer junger Mann, und unglücklicherweise hatte mir niemand gesagt, wie er hieß. Da ich damals noch ein ausgesprochener Schüchti war, brachte ich auch nicht den Mut auf, ihn selbst um diese Information zu bitten. Also war ich ungemein erleichtert, als wir nach ein oder zwei Stunden ins Postamt zurückkehrten und ich feststellen konnte, daß das Problem sich von selbst gelöst hatte. Mein Kollege schien ungeheuer beliebt zu sein.

„Hallo, Sid! ... Wie geht's, Sid, alter Junge? ... Guckt mal, Sid ist wieder da! ... Wie war der Tag heute, Sid?"

Zurufe und Begrüßungen flogen uns von allen Seiten entgegen. Jedermann schien meinen Kollegen zu kennen und zu mögen. Ich verstand nicht ganz, warum. Seine Reaktion auf all diese Wärme und Freundlichkeit war – gelinde gesagt – undankbar. Er reagierte kaum auf das strahlende Willkommen seiner Freunde. Wenigstens, dachte ich insgeheim, kannte ich jetzt seinen Namen. Er hieß Sid.

Den Rest dieses Arbeitstages redete ich meinen Arbeitskollegen dementsprechend an.

„Ich nehm' dieses hier, Sid, ist's so recht? – Meine Güte, das ist aber schwer hier, Sid! ... Zeit für'n Täßchen Tee, was meinst du, Sid?"

Er war mir gegenüber um nichts entgegenkommender, als er es allen seinen netten Freunden gegenüber gewesen war. Im Gegenteil, er wurde immer mürrischer, je weiter der Tag fortschritt, und als wir zum letzten Mal zum Depot zurückkehrten, malte sich Gewitter auf seinen Zügen. Als er schließlich mit einem unfreundlichen Abschiedsgrunzen in Richtung Umkleideraum davontrabte, rief ich ihm voll unverdrossen guter Laune nach:

„Bis bald! Wir sehn uns morgen, Sid!"

Eine Gruppe von Postbeamten, die in der Nähe arbeiteten, reagierten auf diesen unschuldigen Zuruf mit einem Sturm von Gelächter, der mir völlig unbegreiflich war. Sid blieb mitten im Schritt stehen, fuhr herum und eilte auf mich zu. Seine Lippen waren zornig zusammengepreßt, seine Wangen brannten.

„Ich heiße nicht *Sid!*" zischte er mich an, wobei er die Lippen fast auf mein Ohr preßte.

„Nicht Sid?" wiederholte ich, völlig verdattert. „Aber wenn du nicht Sid heißt, warum nennen dich dann alle . . .?"

„Weil ich", unterbrach er mich, „letzte Woche in einen Torpfeiler gefahren bin und ihn umgenietet habe . . ."

„Aber was hat das mit deinem Namen . . ."

„Und in Bromley gibt es ein Abbruchunternehmen namens Sid Bishop & Co. Deshalb nennen sie mich Sid. Aber ich heiße nicht SID!"

„Oh."

Wäre ich nicht ganz so naiv gewesen, hätte ich wohl schon viel früher gemerkt, was da los war. Armer Sid . . . ich meine, armer . . . Sie werden es nicht glauben, aber ich habe nie erfahren, wie er nun wirklich hieß.

Während derselben Weihnachtsferien begrüßte mich ein grauhaariger alter Postbeamter einmal mit den Worten: „Hallo, John!"

Irgendwie war ich noch nie darauf gestoßen worden, daß „John" in der Umgangssprache gelegentlich auch als Synonym für „Kamerad" oder „Kumpel" gebraucht wird. Meine Antwort muß den armen Mann völlig verwirrt haben.

„Sie müssen mich verwechseln", blökte ich mit meiner hohen Junge-aus-gutem-Haus-Stimme. „Sie verwechseln mich wahrscheinlich mit meinem Bruder John. Ich bin nicht John, ich bin Adrian, aber wir sehen uns ziemlich ähnlich, deshalb . . ."

„Häh?" sagte er.

Heute mache ich mir nicht mehr so viele Gedanken wegen meines Namens, aber ich reagiere sehr empfindlich, wenn man mir Etiketten aufzukleben versucht. Ich glaube mich zu erinnern, daß Marx einmal gesagt hat: „Ich bin kein Marxist." Ich weiß nicht, ob Jesus sagen würde: „Ich bin kein Christ", wenn er heute im Fleisch wandelte, aber ich mache mir so meine Gedanken. Den „religiösen" Formeln, die wir heute andauernd im Munde führen, hängen so viele negative Bedeutungen an.

Der Gedanke fasziniert mich, daß es zweifellos viele, viele Menschen außerhalb des Bereichs organisierter Religiosität gibt, die niemals von irgendeiner Meinungsumfrage erfaßt würden, die es sich zum Ziel gemacht hat, die Anzahl der Kirchgänger festzustellen – und doch würden diese Menschen sich als Christen bezeichnen, wäre das Wort nicht so abgewertet worden.

Was mich betrifft – nun, auch ich bekomme zuweilen meine „Krampf- und Krümmanfälle", wenn man mich als Christen etikettiert. Aber ich lasse mich gerne einen Nachfolger Jesu nennen, auch wenn ich ihm nur unbeholfen hinterherstolpere.

Wäre ich Mitglied einer Gruppe von „Anonymen Gläubigen" – ich würde zu Beginn jedes Treffens aufstehen und sagen: „Mein Name ist Adrian, und ich bin Christ."

Im Angesicht der Katastrophe

Aber was für ein Christ bin ich eigentlich?

Wenn alles glatt geht und der Arbeitsstreß erträglich ist und ich mich bequem in meinem Lieblingssessel zurücklehnen kann und keine Notfälle auftreten und ich tatsächlich Stille Zeit gehalten habe, und die drei absolut lebenswichtigen Dinge erledigt habe, die ich vor Rückkehr meiner Frau erledigen sollte und im Briefkasten kein Brief war, der mir mitteilt, daß ich teuflische Bücher schreibe, und ich nicht todmüde bin und wir nicht binnen vierundzwanzig Stunden alle vier Jahreszeiten gehabt haben, wie es in England so oft der Fall ist, und ich nicht feststellen mußte, daß ich für ein und denselben Abend Termine in Schottland, Irland und Tunbridge Wells vereinbart habe (weil drei verschiedene Gruppen von Leuten mir versichert hatten, der Herr habe ihnen ein Zeichen gesandt, daß ich dort sprechen sollte), und ich keine Verdauungsbeschwerden habe und die Gespenster meiner Kindheit sich einen Urlaubstag genommen haben, und alle meine vier Kinder einigermaßen ausgeglichen sind, und sich auf meinem Schreibtisch nicht die Post der letzten sechs Monate unbeantwortet zu Bergen stapelt und der Motor meines Autos kein ominöses Klopfgeräusch hören läßt und ich nicht von oben bis unten mit Tipp-Ex bekleckert bin, weil die Flasche erst nicht funktionierte und dann plötzlich doch, und wenn ich hinreichend sicher bin, daß Gott mich liebt, und ziemlich sicher, daß ich ihn ebenfalls liebe – nun, wenn alle diese Bedingungen erfüllt sind, dann wage ich es, mich als einen „Relativisten, der Jesus liebt" zu bezeichnen.

Klingt eindrucksvoll, finden Sie nicht? Es bedeutet aber nichts weiter, als daß ich in meiner Haltung zur Person Jesu unbeirrbar und kompromißlos bin, daß diese persönliche Beziehung jedoch die verschiedensten Ausdrucksformen annimmt, je nachdem, welche Bedürfnisse, Persönlichkeiten und Umstände die einzelnen Menschen aufweisen, denen ich begegne.

Das mag nun sehr naiv klingen, aber wenn man eine solche Philosophie konsequent umsetzt, dann kann sie einen auf seltsame Wege führen, die noch niemals auf dogmatischen oder theologischen Landkarten eingezeichnet wurden. Ich rede hier nicht von Ketzereien, sondern von der Vielfalt der Mittel und Wege, wie Gott tagein, tagaus mit einzelnen Menschen arbeitet. Die Berichte in den Evangelien sind Karten in großem Maßstab, aber da gibt es noch die unerwarteten Pfade und Schleichwege neben den breiten Autobahnen der Orthodoxie.

So sieht also mein Christsein aus, wenn das Leben breit und ruhig dahinströmt. Ich schreibe und rede ziemlich häufig davon. Es fällt mir leicht, solange alles gutgeht.

Zumeist jedoch (und das ist bei praktisch allen Leuten, die ich kenne, der Fall) ist mein christlicher Glaube ein Dickicht aus

Freude und Verzweiflung, Glauben und Zweifel, Gewißheit und Unsicherheit und all den anderen Gegensatzpaaren, mit denen ich hier die Buchseiten füllen könnte. Ich schreibe und rede auch ziemlich häufig über diesen Mittelweg der Verwirrung. Das fällt mir nicht ganz so leicht, aber vermutlich ist es viel hilfreicher. Die meisten von uns haben mehr Erfahrung mit dem nackten Überleben als mit strahlenden Siegen.

Was passiert im Angesicht von Katastrophen? Was für ein Christ bin ich, wenn Dunkelheit und Gefahr mir alle Krücken aus den Händen schlagen und ich hilflos zurückbleibe? Was bleibt von den Worten und Gedanken und Ideen und all der behaglichen Theoretisiererei, wenn mir der Tod ins Gesicht starrt?

Im Sommer 1990 sollte ich es herausfinden.

Wir hatten beschlossen, unseren alljährlichen Urlaub in Dänemark zu verbringen, und waren mit einer außergewöhnlich komfortablen Autofähre von Harwich aus losgefahren. Nach einer vierundzwanzigstündigen Fahrt gingen wir im Hafen von Esbjerg von Bord und fuhren etwa hundert Meilen nach Norden, in das Dörfchen Stenvad auf der Halbinsel Jurs, wo uns unser Ferienhäuschen erwartete.

Dänemark erwies sich als ein Land endloser goldener Weizenfelder, grüner Wälder, emailleblauen Himmels und ungewöhnlich funkelnden Sonnenscheins. Wir wollten eine Woche dort verbringen und dann quer durch Deutschland nach Holland fahren, wo ich auf dem Flevo-Festival ein oder zwei Tage lang Vorträge halten sollte. Am dritten Tag unserer Urlaubswoche in Dänemark beschlossen wir einen Naturpark namens Jurs Sommerland zu besuchen.

Wir bezahlten unser Eintrittsgeld, parkten das Auto und machten uns daran, den Park zu erforschen. Bridget und ich sahen den Kindern zu, wie sie das riesige Angebot von Attraktionen auskosteten.

Am frühen Nachmittag machte Bridget mit Matthew, dem Ältesten, einen Spaziergang, während ich mit Joseph, David und Katy (die damals elf, zehn und drei Jahre alt waren) Schlange stand. Wir wollten eine Bootsfahrt mit einem der kleinen kreisrunden Boote machen, die mit beträchtlicher Geschwindigkeit einen künstlichen Fluß entlangglitten.

Um in diesem kleinen Fahrzeug das Gleichgewicht zu halten, setzte ich die drei Kinder auf eine Seite und mich selbst auf die andere. Das Boot lag zwar auf meiner Seite immer noch merklich tiefer im Wasser, aber es schien keine Gefahr zu bestehen. Wir fuhren also los. Unser kleines Boot drehte sich langsam im Kreis, während es von der Strömung fortgetragen wurde.

Irgendwie erwartete ich, daß nichts schiefgehen könnte, vielleicht deshalb, weil die Sicherheitsvorkehrungen in Dänemark sehr ernst genommen werden. Aber diesmal ging einfach alles schief.

Das Boot kam an eine Stelle, wo eine kleine, aus Ziegeln erbaute Brücke den Fluß überspannte. Dort sank der Wasserspiegel plötzlich merklich ab, und die Fahrt wurde schneller. Ohne jede Vorwarnung schlug das Boot um, beförderte uns alle ins Wasser und hielt mich unter Wasser fest.

Wie ich da auf dem Rücken lag – mein Gürtel hing an irgendeinem spitzen Stein unter Wasser fest, das Gewicht des gekenterten Bootes lastete wie ein Sarg voll Felsbrocken auf meiner Brust – schossen mir die folgenden Gedanken durch den Kopf.

So unglaublich es klingen mag, mein erster Gedanke war: „Wenn ich hier lebendig rauskomme, ergibt das einen traumhaften Zeitungsartikel!" Ich nehme an, das beweist wieder einmal, wie verzweifelt gierig wir Schriftsteller nach neuen Themen sind.

Im nächsten Augenblick schwemmte blinde Panik diesen lächerlichen Gedanken hinweg. Ich bin Nichtschwimmer. Wie konnte ich mich befreien und nach Katy suchen? Wo war Katy überhaupt? Hatte sie sich den Kopf angeschlagen? War sie am Ertrinken? War sie vielleicht schon ertrunken? Was war mit den Jungen? Wo waren sie? Sie waren gute Schwimmer, aber . . .

Plötzlich zerriß das schiere Entsetzen der Situation mein Gehirn wie ein Schrei. Dort in der Dunkelheit unter Wasser schrie ich in Gedanken wie ein kleines Kind um Hilfe, rief den Einzigen an, der mir helfen konnte:

„Gott, hilf mir aus diesem . . . Fluß!"

Mit einem letzten verzweifelten Stoß gelang es mir, das Boot von meiner Brust wegzubefördern. Dabei rutschte das andere Ende des Fahrzeugs von der Sandbank ab, die an allem schuld war.

Ich stand atemringend auf, strich mir das nasse Haar aus den Augen und blickte mich um. Die beiden Jungen schwammen im Fluß, verstört, aber wohlauf. Katy war völlig verschwunden. Joe und David vergöttern ihre kleine Schwester. Die tränenerstickte Verzweiflung in ihren Stimmen, als sie nach mir riefen, war ein Echo der Gemütsbewegung, die mich einen Augenblick lang von Kopf bis Fuß lähmte, während ich mir klarzuwerden versuchte, was ich als nächstes tun sollte. Wo in aller Welt war Katy?

Ich begann mit beiden Händen unter Wasser herumzuangeln, von Furcht und Hoffnung erfüllt, sie dort irgendwo zu finden. Innerhalb von Sekunden schoß mir durch den Kopf, wie die nächsten Tage aussehen mochten, so lebhaft, als sei alles bereits geschehen: Der jähe Abbruch unseres Ferienaufenthalts – die jammervolle Rückkehr nach England – die Qual, Freunden und Verwandten sagen zu müssen, was geschehen war – das Begräbnis.

„Sie ist unter'm Boot, Papa! Sie ist unter'm Boot!"

Die Jungen waren zu dem Boot geschwommen, das kieloben am Ufer trieb. David hörte, wie Katy nach mir schrie. Sie steckte in der Luftblase zwischen der Wasseroberfläche und dem Inneren des gekenterten Fahrzeugs.

In wilder Erregung eilte ich zu den Jungen, die sich vergebens abmühten, ihr Schwesterchen zu befreien. Ich schob beide Hände unter den Rand des Bootes und stemmte mich mit aller Kraft dagegen, aber meine Anstrengungen waren umsonst. Es rührte sich keinen Fingerbreit. Beinahe schluchzend vor Zorn stieß ich ein neuerliches stummes Gebet hervor, biß die Zähne zusammen und machte einen neuerlichen Versuch. Das Boot hob sich und kippte um, wobei eine Gischtwolke aufstieg, und ich fiel von neuem ins Wasser. Als ich mich wieder aufgerappelt hatte, war das erste, was mir unter die Augen kam, meine Tochter. Sie trieb nur ein paar Meter entfernt gelassen im Wasser. Ihr Gesichtsausdruck war bemerkenswert unbesorgt.

„Hallo, Papa", sagte sie, während Joe sie aufs Ufer hinauf schob und zog. „Ich wußte, mir passiert nichts. Du warst ja da."

Als ich Katy schließlich in den Armen hielt, erdrückte ich sie beinahe mit meinen Umarmungen. Kein Zweifel, dieser Unfall war das Schrecklichste, das ich jemals erlebt habe! Er hatte jedoch auch etwas Gutes. Damals fand ich die Antwort auf die Frage, was für ein Christ ich bin im Angesicht einer Katastrophe, wenn alles andere – Ritual, Kirchenmitgliedschaft, Theologie und all die anderen, von Menschen geschaffenen Paraphernalien der Religion – bedeutungslos geworden war. Die Antwort hieß: Ich wurde zu einem verängstigten Kind, das in einfältigem Vertrauen um Hilfe schrie, zu der einzigen Person, von der Hilfe zu erhoffen war.

Wir können körperlichen Gefahren, Krankheit und anderen Gefahren nicht aus dem Wege gehen, das hat Jesus ganz unmißverständlich klargemacht. Ich danke Gott, daß Katy noch am Leben ist. Andere Eltern (auch christliche Eltern) hatten nicht so viel Glück, und das ist ein dunkles Geheimnis. Ich behaupte nicht, es zu verstehen. Aber ob ich in dieser Welt nun von Katastrophen betroffen bin oder nicht, ich kann mir nichts Besseres wünschen, als ein Christ zu sein, der zu Gott spricht, wie Katy in ihrem Optimismus zu mir sprach: „Ich wußte, mir passiert nichts. Du bist ja da.«

ABGESTÜRZT

Hin und wieder falle ich aus allen Wolken, was mein Wolkenkukkucksheim angeht – Sie nicht? Und wie der unglückselige Verlorene Sohn in der Bibel mache ich gelegentlich einen Tagesausflug zurück zu den Schweinen; dann zieht es mich wie ein Insekt zurück zu der klebrigen Süße der Sünde. Aber wenn das fiebrige Glühen der Ichsucht verblaßt ist, fühle ich mich abscheulich. Früher hatte ich obendrein noch Angst. Was Jesus darüber sagte, wie wertlos Menschen sind, die die Hand an den Pflug legen und zurückblicken, ist doch ziemlich alarmierend – vor allem, wenn wir uns umsehen und feststellen, wie schlecht bestellt unser persönliches Feld ist.

Aber lassen wir einmal Schweine, Insekten und Pflüge und kehren wir zurück zu unserer ursprünglichen Metapher von der Luftburg – warum sollte ich abspringen wollen? Warum sollte ich den klaren Blick in den Himmel für den Pseudorealismus einer weltlichen Perspektive aufgeben? Bin ich denn verrückt?

Nein; ich bin unzulänglich.

Warum würde ich es auf einer wirklichen Luftburg nicht allzu lange aushalten? Zum ersten, weil ich Übergewicht habe und es nicht gewohnt bin, mich körperlich zu betätigen. Nach fünf Minuten würde ich schnaufen und prusten wie ein Walroß. Spirituelles Bodybuilding erfordert tägliche Liegestütze im Gebet und Übungen im biblischen Fitneßcenter, obwohl diese strikte Disziplin in Wirklichkeit nur als Rahmen dient. Innerhalb dieses Rahmens kann ich Gott als grandioser Einfaltspinsel begegnen – wie ein Kind auf einer Luftburg. Genau so.

Zum zweiten ist mein Gleichgewichtssinn gestört. Wenn ich eine

Weile herumgehopst bin, werde ich schwindlig und komme nicht mehr auf die Füße. Die Regeln, wie man im Königreich des Himmels auf die Füße fällt, unterscheiden sich beträchtlich von den Regeln, die wir auf Erden gelernt haben. Es kann eine große Erleichterung sein, die Füße auf vertrauten und anscheinend festen Boden zu setzen. Es braucht viel Übung – und nicht wenig Mut –, eine völlig andere Basis für sein Dasein zu akzeptieren.

Drittens – und darüber reden wir nicht oft – beginne ich mich nach einer Weile zu langweilen. Ich neige zwar von Natur aus zu Obsessionen, und ich bin durchaus imstande, eine beträchtliche Zeitlang nichts weiter zu tun, als auf Luftburgen herumzuhüpfen, sobald ich einmal die nötige Kondition habe und gelernt habe, wie ich Balance halte. Die Metapher wird nun an dieser Stelle ein wenig – äh, luftleer. Aber es ist eine Tatsache, daß viele Leute vom Glauben abfallen, nachdem sie sich mit geradezu manischer Begeisterung für irgendeinen schmalspurigen Aspekt des kirchlichen Lebens oder der Theologie engagiert haben. Für gewöhnlich liegt der Grund darin, daß irgendein spezielles Bedürfnis zur gegebenen Zeit nicht berücksichtigt wurde. Ein solcher Sturz kann tragisch schlimme Folgen haben. In Wirklichkeit ist Gott natürlich überall gegenwärtig, wo seine Gegenwart von Nutzen ist, seien es nun helle und fröhliche Orte und Aktivitäten oder dunkle und verzweifelte. Er ist da, er lädt uns ein, seinen Plänen auf eine unglaublich vielfältige Art und Weise unsere Hände zu leihen, und zuweilen können wir echte Abenteuer erwarten. Nur wenn ich mir selbst und Gott Grenzen setze, besteht die Gefahr, daß ich mich langweile.

Verurteilt uns Gott, wenn wir versagen? Wenn er es tut, müßte ich längst verdammt sein, und zwar mehr als einmal (sofern das einen Sinn gibt).

Nein, ich glaube nicht, daß Gott seine Kinder auf der Luftburg verurteilt. Ich glaube, er korrigiert, motiviert und züchtigt uns, wie es ein irdischer Vater täte. Sein letztendliches Ziel für jeden von uns ist, daß unsere Motive, unsere Lebensweise und unsere Sicht der Dinge vollkommen rein sind. Die Chancen, diese Vollkommenheit noch auf dieser Welt zu erreichen, mögen gleich Null sein. Aber wenn irgend etwas schief geht, dann wissen wir, daß Jesus eindringlicher für uns bittet, als wir selbst es jemals vermöchten. Wir müssen das einfach fest glauben – wie Kinder.

Hüpft weiter!

Wir sehen uns in Wolkenkuckucksheim!

Adrian Plass

Tagebuch eines frommen Chaoten

Pb., 160 S., mit Zeichnungen und Lesezeichen.

ISBN 3-87067-391-5

Ein liebenswertes, rotzfreches, maßlos übertreibendes, rabenschwarz-humoriges Tagebuch eines frommen Chaoten? Oder doch eher ein zwischen den Zeilen versteckter geistlicher Ratgeber mit Tiefgang?

Andromedas Briefe

Pb., 176 S., mit Zeichnungen und Lesezeichen.

ISBN 3-87067-445-8

Die achtjährige Jungfeministin Andromeda hat sich bei dem Versuch, gleichzeitig Müsli zu essen und Rollschuh zu laufen, ein Bein gebrochen. Nun hält diese Göre vom Krankenlager aus Gott, die Welt und die Kirchengemeinde des frommen Chaoten in Trab.

Die steile Himmelsleiter

Pb., 220 S., mit Lesezeichen.

ISBN 3-87067-462-8

Adrian Plass erzählt seine eigene Lebensgeschichte mit unwiderstehlichem Humor und entwaffnender Ehrlichkeit. Er vermittelt nicht nur ungeschönt seine persönliche Geschichte, sondern tröstet und ermutigt den Leser, nach einem authentischen Christentum aus »erster Hand« zu fragen.

Brendow **Buch Kunst Verlag**

Gilbert Keith Chesterton

Heitere Weisheit, ernste Späße
Pb., 80 S., mit Zeichungen und Lesezeichen.
ISBN 3-87067-334-6

Spritzige Zitate aus seinem großen Gesamtwerk.

Gunhild Christ

Gezz maa Butter bei die Fische!
Pb., 64 S., mit Zeichnungen und Lesezeichen.
ISBN 3-87067-332-X

Emmi Koslowski, die Hausfrau aus dem Ruhrgebiet, macht sich so ihre Gedanken über die »fromme Szene«.

Gunhild Christ-Aiyub

Reinen Tisch mit diese Brüder!
Pb., 64 S., mit Lesezeichen.
ISBN 3-87067-424-5

Weitere lose Reden von Emmi Koslowski.

Ulrich Parzany

Hornhaut auf der Seele?
Pb., 80 S., mit Lesezeichen.
ISBN 3-87067-367-2

Über 70 Anstöße von Bileams Eselin.

Gunter Filbry

Jesus in Frankfurt und anderswo
Pb., 64 S., mit Zeichnungen und Lesezeichen.
ISBN 3-87067-340-0

Jesus kommt heute in unseren Alltag, nach Frankfurt und Kleinkleckersdorf, zu Behinderten und Bossen . . .

Brendow Buch Kunst Verlag